La ritualité des rencontres

Karin Schulz / Fabian Schmitz (éds.)

# La ritualité des rencontres

Modes de représentation littéraire

**PETER LANG**

**Bibliographic Information published by the Deutsche Nationalbibliothek**
The Deutsche Nationalbibliothek lists this publication in the Deutsche
Nationalbibliografie; detailed bibliographic data is available in
the internet at http://dnb.d-nb.de.

This book was supported by funds made available by
the "Cultural Foundations of Social Integration" Center of Excellence
at the University of Konstanz, established in the framework of
the German Federal and State Initiative.

Cover image: © Njoschi Weber

ISBN 978-3-631-77707-7 (Print)
E-ISBN 978-3-631-77843-2 (E-PDF) • E-ISBN 978-3-631-77844-9 (EPUB)
E-ISBN 978-3-631-77845-6 (MOBI) • DOI 10.3726/b15097

This publication has been peer reviewed.

**www.peterlang.com**

# Table des matières

# Introduction

À UNE PASSANTE¹

La rue assourdissante autour de moi hurlait.
Longue, mince, en grand deuil, douleur majestueuse,
Une femme passa, d'une main fastueuse
Soulevant, balançant le feston et l'ourlet ;

Agile et noble, avec sa jambe de statue.
Moi, je buvais, crispé comme un extravagant,
Dans son œil, ciel livide où germe l'ouragan,
La douleur qui fascine et le plaisir qui tue.

Un éclair... puis la nuit ! – Fugitive beauté
Dont le regard m'a fait soudainement renaître,
Ne te verrai-je plus que dans l'éternité ?

Ailleurs, bien loin d'ici ! trop tard ! *jamais* peut-être !
Car j'ignore où tu fuis, tu ne sais où je vais,
Ô toi que j'eusse aimée, ô toi qui le savais !

Dans sa rencontre poétique avec une *Passante*, Charles Baudelaire modélise un moment paradigmatique de la modernité commençante du xix^e siècle. Il reflète la rencontre moderne de l'individu avec la fugacité toute-puissante d'un monde face à des fortes accélérations systémiques, techniques, économiques, politiques ainsi que socio-culturelles qui déstabilisent toute référence des relations humaines. Les bouleversements et l'instabilité contemporaine manifestent la contingence comme principe récurrent qui domine et affronte l'individu à la recherche d'une stabilité identitaire.

La rencontre imprévue avec une belle femme dans les rues urbaines présente ainsi pour le je lyrique du poème un événement instantané unique. Il ne lui reste qu'une impression profonde d'un regard singulier de l'étrangère qui le laisse seul dans le chaos confus des boulevards.² Bien qu'elle lui soit inconnue, il est attiré

---

1 Le poème *À une passante* fait partie des *Tableaux Parisiens* du recueil poétique *Fleurs du mal*. Charles Baudelaire, « À une passante », dans : Id., *Œuvres complètes*, t. 1, Claude Pichois (éd.), Paris : Gallimard 1975, p. 92s.

2 L'agitation bruyante marginalise paradoxalement le je lyrique en pleine foule : « La rue assourdissante autour de moi hurlait. » L'adjectif *assourdissant* et le verbe *hurler* constituent une sémantique acoustique particulièrement menaçante qui représente

par son apparence et animé par son apparition remarquable[3] de sorte qu'il se sent immédiatement attaché et familiarisé. Pour un instant, les yeux des deux se rencontrent.[4] Le je lyrique n'en décrit que l'effet résultant, c'est-à-dire le fait que le regard de la passante le touche comme un éclair jailli du ciel. La rencontre des regards n'est qu'un instant fugitif. Comme un ciel sombre qui n'est illuminé par un éclair que pendant une fraction de seconde, la femme disparaît aussi brusquement dans la foule qui obstrue les rues. Pour le je lyrique n'y reste qu'une sensation d'amour naissant dont il exprime pourtant toute inanité par l'exclamation souffrante et désespérée qui constitue le point culminant du poème : « Ô toi que j'eusse aimée, ô toi qui le savais ! ». Bien que le je lyrique soit momentanément impressionné et inspiré par l'intensité visuelle de la rencontre unique, il reste rattrapé par la réalité, une réalité marquée par la solitude. Désillusionné et sans espoir il constate la contingence de la rencontre en soulignant l'impossibilité d'une connaissance réciproque : « j'ignore où tu fuis, tu ne sais où je vais ».[5]

---

d'une manière exemplaire l'expérience individuelle de solitude dans la ville moderne. Le fait que la source de bruit n'est pas explicitement nommée dans la phrase citée renforce l'effet d'isolement par l'ubiquité du vacarme. Pour l'instant de la rencontre des regards, il y persiste pour le je lyrique l'espoir de pouvoir surmonter sa solitude. Concernant la représentation littéraire de la vie urbaine parisienne cf. et al. l'analyse des tableaux parisiens et leur évolution temporelle chez Karlheinz Stierle, *La capitale des signes. Paris et son discours*, Marianne Rocher-Jacquin (trad.), Paris : Maison des Sciences de l'Homme 2001.

3    La manière gracieuse et élégante de la femme souligne la stylisation idéale de son corps féminin dont le je lyrique n'indique que sa taille remarquable (*longue* et *mince*). Le charme de son apparence est encore augmenté par le mode dissimulant de représentation. En mentionnant seulement le jeu raffiné avec laquelle la femme mène *l'ourlet* de sa robe, le je lyrique décrit l'effet attirant et impressionnant de cette mystérieuse étrangère passante. *L'ourlet* constitue en plus un encadrement matériel et dynamique ce qui crée un effet d'image. Pourtant, le je lyrique n'esquisse qu'un portrait vague, un croquis des quelques parties de corps dont le minimalisme renforce l'attraction et l'impact de son regard.

4    Le coup d'œil entre des amoureux constitue selon Jean Rousset une rencontre inter-subjective centrale qui se manifeste comme motif récurrent et figé dans la tradition littéraire française. Cf. Jean Rousset, *Leurs yeux se rencontrèrent. La scène de première vue dans le roman*, Paris : José Corti 1981.

5    Le non-savoir des intentions amoureuses que Baudelaire souligne ici par la négation de toute connaissance réciproque entre le je lyrique et la passante, indique le principe d'une *double contingence* selon Luhmann. Cf. Niklas Luhmann, *Soziale Systeme. Grundriß einer allgemeinen Theorie*, Frankfurt am Main : Suhrkamp [6]1996, p. 156.

Baudelaire montre non seulement cette expérience paradigmatique de la rencontre moderne, mais il l'illustre également dans toutes ses dynamiques inverses et contradictoires. Une rencontre n'est pas un processus uniforme ou rectiligne. Elle se caractérise au contraire par des tensions inhérentes qui résultent d'un côté de sa nature événementielle, de l'autre de ses structures subliminales immuables.

À l'échelon sémantique, Baudelaire opère sur plusieurs oppositions, en commençant par l'extérieur frénétique et bruyant de la vie métropolitaine moderne qui va à l'encontre de l'expérience intime du « grand deuil »[6] que le je lyrique reconnaît chez la passante. L'introspection sentimentale qui contraste avec l'extérieur turbulent reflète l'état d'âme du je lyrique qui semble projeter toute sa propre douleur de solitude sur la femme passante. Cette projection confirme l'attraction unique qui n'est pourtant reliée qu'à un perspectivisme unilatéral. Du fait que la femme échappe à sa vue, le je lyrique crée une intimité qui ne se manifeste que pour lui. Baudelaire joue ainsi avec la dualité sémantique entre visibilité et invisibilité comme condition ontologique de la rencontre. C'est l'effet instantané et l'impression remarquable, « Un éclair… puis la nuit », qui renforce cette dialectique signifiante entre le visible et l'invisible pour décrire l'expérience de la fugacité que le je lyrique cherche à surmonter par une affinité forte même si elle n'est que projetée.

Dans la vie urbaine contradictoire à toute intimité par sa mobilité inexorablement exigée, l'événement singulier de la rencontre des regards paraît provoquer une immobilité visuelle instantanée des parties prenantes. « [C]rispé comme un extravagant »[7], le je lyrique paralysé ne montre qu'une excitation intérieure et inaudible qui contraste à nouveau la dynamique des bruits à l'entour extérieur. Contre toute mobilité, le je lyrique tente d'immobiliser la passante en l'attribuant des qualités matérielles et fixes comme la « jambe de statue ». Cette transfiguration esthétique et stylisée reflète son désir de créer une rencontre plus intime et individuelle. Le je lyrique sensible et ranimé par le regard trouve une extase d'expérience personnelle dont il garde au moins un instantané de caractère artistique. La « jambe de statue » dont la mention termine la description de la femme, fixe et conserve la vue momentanée de la beauté par son caractère immobile. Vu que la femme s'avance, l'immobilisation par l'association de l'art plastique indique son

---

6 L'allure individualisée de la femme est rendue par les adjectifs *grand* et *majestueux* au niveau du sublime ce qui renforce le contraste visuel ainsi que l'effet attirant pour le je lyrique.

7 L'« extravagant » se rattache au concept du flâneur dandy qui se distingue par son contre-attitude à toute mobilité et progression en se laissant flotter volontairement durant sa promenade qu'il interrompt de temps en temps pour contempler ce qui frappe sa vue.

apparence esthétique comme partie délibérée de l'écriture poétique.[8] La volonté forte du je lyrique d'essayer de fixer l'intimité momentanée par l'immobilisation montre la perspective d'un individu romantique créant un point de fuite à la modernité perturbante, un lieu où il se peut consacrer à ses désirs ardents. L'expérience particulière de l'esthétique sensuelle ainsi qu'érotique ne peut être vécue que par le je lyrique cherchant à se distinguer et à échapper de la foule ignorante.

L'effort d'individualiser la rencontre qui va de pair avec son échec rend visible l'emphase de l'individu postromantique dans sa problématique moderne. La rencontre et les dynamiques inverses qui la sous-tendent, abordent la question d'un maniement convenable avec l'enjeu des tendances contemporaines de fugacité. Bien que le moment unique entre le je lyrique et la passante constitue un événement particulier, sa représentation littéraire démonstrative et exemplaire rappelle également la rencontre comme une instantanéité itérative. Face au contexte général de la vie urbaine perturbante, la rencontre des regards, cet événement fugace, pourrait se répéter à tout autre moment. La récurrence de la rencontre se manifeste comme un moment rituel propre pour le je lyrique. Malgré ses désillusions, ainsi également exposées comme récurrentes, le je lyrique qui reste dans la foule perturbante, démontre une solution abstraite pour faire face au fugitif. Comme déjà illustrer à travers la « jambe de statue », il s'attache à une éternité durable en conservant littérairement son impression individuelle de la mystérieuse beauté passante. La ritualité se révèle comme un processus également récurrent avec lequel l'individu affronte l'occurrence des désillusions. Par l'acte solennel de la revalorisation poétique, il échappe à la réalité négative et menaçante. La rencontre moderne et la contingence des relations humaines trouvent ainsi leur incarnation poétique résumée dans l'image de la « Fugitive beauté ».

C'est la forme classique du sonnet qui renforce encore par ses exigences formelles et figées[9] cette ritualité de la rencontre. Par l'emprunt intertextuel

---

8   La « jambe de statue » ne représente pas seulement une abstraction matérielle de la beauté féminine qui renforce l'effet mystérieux de l'apparence de la passante fugitive, mais manifeste également un acte symbolique de production et renouvellement esthétique. La visualisation immobile de la « jambe de statue » indique la conception duale de l'art moderne selon Baudelaire qui se compose de deux parties : d'un côté le fugitif et le transitoire de la modernité, de l'autre l'éternel et l'immuable traditionnel. Cf. Charles Baudelaire, « Le peintre de la vie moderne », dans : Id., Œuvres complètes, t. 2, Claude Pichois (éd.), Paris : Gallimard 1975, p. 683–724, ici : p. 695.

9   La poétique de sonnet se fonde entre autre sur la normalisation (1332) de Antonio da Tempo. Bien qu'elle soit transmise dans des formes variées, celles-ci conservent pourtant la structure de deux quatrains et deux tercets qui comptent quatorze versets.

de la tradition pétrarquiste,[10] Baudelaire intègre son poème dans un héritage d'une poésie lyrique d'éloge qui est fortement liée aux normes sociales de la culture courtoise.[11] Le chant poétique d'amour qui représente des règles idéales de la requête officielle manifeste une ritualité d'intersubjectivité renforçant une structure sociale des rôles définis, c'est-à-dire le service d'amour pour une dame.

En indiquant le style et le mouvement élégants de la femme, le je lyrique manifeste son adoration. Bien qu'il n'ait point d'espoir de la revoir, il s'adresse à elle pour rendre hommage à sa beauté qu'il est pour lui irrésistible. La stylisation artificielle de sa jambe qui glorifie son esthétique unique et la relève de la masse banale, rappelle la dualité entre apparence divine et attributs terrestres qui caractérisent la dame adorée comme attraction d'amour chez Petrarca. Le je lyrique attiré et fasciné est pris par l'amour.[12] Un amour qui reste pourtant non partagé et le met dans un état souffrant.

Par la rencontre visuelle, Baudelaire se réfère au motif traditionnel de la représentation de la puissance du dieu d'Amour qui se montre dans les yeux des amoureux.[13] L'interprétation romantique de ce motif, comme la transparence mutuelle et reconnaissante des âmes amoureux et unis, est contrariée par le caractère

---

10 L'analyse suivant ne reprend volontairement que certains aspects de la tradition pétrarquiste et ne prétend pas discuter de manière exhaustive la ligne traditionnelle entre Baudelaire et la poétique hétérogène du pétrarquisme (concernant cette hétérogénéité voir entre autres la note de bas de page 11). Pour une étude détaillée des motifs du lyrisme pétrarquiste et leur évolution intertextuelle cf. Rainer Warning, *Lektüren romanischer Lyrik : von den Trobadors zum Surrealismus*, Freiburg : Rombach 1997, en particulier : p. 105–141.

11 L'œuvre poétique de Francesco Petrarca se réfère à des courants poétiques divers, soient-elles la tradition des troubadours, le « dolce stil novo » ou également des conceptions antiques. Dans cette diversité, l'éloge d'amour est le motif dominant et reliant. Pour la poétique et tradition dans la succession de Petrarca cf. et al. Hugo Friedrich, *Epochen der italienischen Lyrik*, Frankfurt am Main : Klostermann 1964. Gerhart Hoffmeister, *Petrarkistische Lyrik*, Stuttgart : Metzler 1973. Klaus W. Hempfer, « Probleme der Bestimmung des Petrarkismus. Überlegungen zum Forschungsstand », dans : Wolf-Dieter Stempel / Karlheinz Stierle (éds.), *Die Pluralität der Welten. Aspekte der Renaissance in der Romania*, München : Fink 1987, p. 253–277.

12 Sur la base de ces lignes hétérogènes de sa tradition (voir la note de bas de page 11), le pétrarquisme connaît et unit des différentes conceptions d'amour. Cf. et al. Hoffmeister, *Petrarkistische Lyrik*, p. 25s. Concernant l'amour en particulier chez Petrarca cf. et al. Friedrich, *Epochen der italienischen Lyrik*, p. 208–219.

13 Concernant les origines traditionnelles du motif de l'amour et d'Amor dans le *Dolce stil novo* cf. ibid., p. 58–66.

prédominant et moderne de l'éphémère. Ce n'est que pour le je lyrique que la puissance d'Amour devient visible et perceptible. Baudelaire fonctionnalise ainsi la sémantique pétrarquiste pour contrecarrer l'harmonie et l'entente romantique des amoureux et la transposer face à la contingence d'intersubjectivité moderne.

Si Petrarca représente l'évolution et les étapes d'amour dans un cycle de divers sonnets,[14] Baudelaire les comprime et fusionne au plan thématique de l'instantané de la rencontre fugace dans ce seul sonnet qui est *À une passante*. La ritualité d'éloge pétrarquiste émerge comme principe poétique intemporel et récurrent. Dans son formalisme lyrique, le poème de la passante conserve le moment court et singulier de passage pour l'intégrer dans la tradition d'éloge poétique. Une propre pratique itérative, mieux dit une ritualité structurelle émerge qui affronte la sémantique d'une rencontre désespérée. La douleur et la souffrance, qui constituent chez Petrarca un état légitime et durable de désir individuel, sont ainsi présentées chez Baudelaire comme seule issue possible des dynamiques divergentes de la rencontre. C'est dans ce cadre de la tradition rituelle d'une poétique d'amour que la solitude continue du je lyrique reçoit une signification sensuelle particulière qui définit et renforce les modes d'une ritualité spécifique caractérisée par cette rencontre pessimiste.

La rencontre et ses dynamiques diverses et inverses chez Baudelaire se fondent sur une conception littéraire d'une ritualité structurelle. Le rituel littéraire se manifeste comme topologie complémentaire qui relie les dynamiques et sémantiques contradictoires d'une rencontre et crée une stabilité des processus qui sous-tendent la rencontre. La poétique traditionnelle qui renforce le sentiment persistant de solitude chez l'individu est transposée pour glorifier ainsi la fugacité comme partie également intégrante de la rencontre moderne. Baudelaire montre dans la *Passante*, d'une manière exemplaire la dialectique entre occurrence et récurrence qui caractérise la ritualité poétique des rencontres, reprenant et réfléchissant ainsi la dialectique traditionnelle de l'art entre *traditio* et *innovatio*.[15] Il révèle ainsi également une capacité de la représentation littéraire d'expliquer ainsi que de pénétrer les perturbations socio-culturelles du xixᵉ siècle.

Ce qui peut être observé chez Baudelaire dans la forme littéraire spécifique du poème se manifeste également dans la littérature narrative. La ritualité est

---

14  Etant donné que l'amour commence par une première rencontre des amoureux qui s'enchaîne en plusieurs étapes par des retraits réciproques provoquant la dualité sentimentale entre espérance et désespoir, il n'est en fin de compte uniquement réalisable de manière spirituelle dans un autre monde. Concernant la sémantique et la structure du cycle poétique de Francesco Petrarca cf. et al. ibid., p. 188s.

15  Voir entre autres la note de bas de page 8.

non seulement, comme nous avons montré à l'exemple de la *Passante*, un mode littéraire qui illustre les enjeux contemporains de la vie moderne, mais elle constitue également un sujet général reflétant les conditions des rencontres sociales. C'est l'enjeu de représentation littéraire qui fusionne les dynamiques de la rencontre et du rituel, ce qui nous fascine et intéresse dans le volume présent et constitue l'idée conceptuelle qui unit les articles du recueil.

Notre point de départ pour ce recueil est la notion de la rencontre qui dans sa diversité illimitée se déroule cependant dans maints cas d'après des codes implicites. Une rencontre est tout d'abord un instant significatif dans lequel se croisent soit le connu et l'inconnu ou soit des connaissances établies. Cela impose aux parties prenantes de faire face aux ressemblances et aux dissemblances dans un contexte déjà habituel ou encore inexploré. Se rencontrer soit de manière convenue soit imprévue constitue un événement particulier et distinctif, limité en ce qui concerne l'espace et le temps. C'est ce caractère singulier et événementiel qui va à l'encontre des actions et des déroulements qui structurent de manière subliminale une rencontre et qui la rendent prévisible et contrôlable. La possibilité inhérente d'une répétition structurelle contraste avec le caractère singulier d'un événement particulier.

Une ambivalence similaire caractérise aussi le concept du rite. Selon Matthias Warstat, les rites sont des *actions transformatives qui suivent un déroulement traditionnel*[16] qui sont formellement répétitifs et donnent par-là un cadre stabilisant en plusieurs sens. De surcroît, ils modélisent des moments transgressifs qui produisent des événements particuliers ou des effets radicaux. Le concept du rituel est proche des notions de l'habitude et de la coutume ou bien encore de celle des sciences cognitives, à savoir les scripts mentaux. Le concept du rite, par contre, dresse une image plus subtile de l'ambivalence. Premièrement, il contraste davantage la rigidité formelle et le caractère progressif du rite. Deuxièmement, il contribue une portée enrichissante du contenu sémantique à la notion de la rencontre par son historicité, son impact social ou ses origines religieuses.

Comme la rencontre, le rite représente un sujet central de l'interaction sociale et ainsi de l'analyse socio-culturelle. Depuis les années quatre-vingts les études

---

16 Traduction libre de la définition allemande dans Matthias Warstat, « Ritual », dans : Erika Fischer-Lichte / Doris Kolesch / Matthias Warstat (éds.) : *Metzler Lexikon Theatertheorie*, Stuttgart / Weimar : Metzler 2014, p. 297–300, ici : p. 297. Une définition opérationnelle et plus élaborée en treize dimensions donne : Jan Platvoet, « Ritual in plural and pluralist societies : instruments for analysis », dans : Id. / Karel van der Toorn (éds.), *Pluralism and identity : studies in ritual behaviour*, Leiden : Brill 1995, p. 25–42.

interdisciplinaires qui se penchent sur le rite sous l'étiquette de *Ritual studies*, se diversifient continuellement et mettent ainsi en même temps en avant une conception plus générale du rite comme une *action symbolique* qui regroupe là-dessous tous les aspects de l'acte qui ont une valeur constitutive de sens. Ainsi, les effets de la *performance* et de la *ritualisation* sont mis en évidence.[17]

D'après la conception structurelle des phases du rite (pré-liminale, liminale, post-liminale) établie par Arnold van Gennep dans *Les Rites du passage* (1909), Victor Turner décrit la *liminalité* comme l'anti-structure du rite, le moment où le sujet subit une suspension complète des exigences et des ordres du quotidien. Cet état ambigu de seuil donne ainsi une possibilité de créativité au sein du cadre rituel bien figé. Le rite s'avère ainsi comme une forme prête ou plutôt proche à la création artistique. Par son extension de la liminalité dans la notion du *limnoid*, sous laquelle Turner comprend une soumission volontaire au processus du rite surtout dans la culture de masse, il élabore une perspective sur une vaste gamme des phénomènes culturels et sécularisés.[18] De même, Erving Goffman ouvre la perspective sur la quotidienneté du rituel dans ses *rites d'interaction* ou il met en évidence la valeur cérémoniale des activités quotidiennes qui comportent la portée de l'identité sociale (la position, le statut, le pouvoir, par exemple) et en-richit ainsi la notion du rite.[19] En outre, l'aspect de l'*engagement rituel* de la part des participants au rite est intéressant en ce qu'il met, par exemple, en question l'approche des personnages littéraires envers leurs actions rituelles. Sur un autre plan, il démontre les raisons de la représentation littéraire pour associer un tel acte au rite.[20] Compte tenu de la co-construction du rite par la théorie élaborée

---

17 Pour la *ritualisation* voir notamment : Ronald Grimes, *Beginnings in Ritual Studies*, édition révisée, Columbia (SC) : University of South Carolina Press 1995, p. 40–57.

18 Cf. Arnold van Gennep, *Les rites de passage*, Paris : Nourry 1909 ; Victor W. Turner, *The Ritual Process. Structure and Anti-Structure*, London : Routledge & Kegan Paul 1969, p. 94–130. Et aussi : Id., *From Ritual to Theatre. The Human Seriousness of Play*, New York : PAJ Publications 1982, p. 20–60.

19 Cf. Erving Goffman, *Les rites d'interaction*, Paris : Éditions de minuit 1974.

20 Cette terme a été élaboré par : Caroline Humphrey / James Laidlaw, *The Archetypal Actions of Ritual. A Theory of Ritual Illustrated by the Jain Rite of Worship*, Oxford : Oxford University Press 1994, p. 88–110. Leur point de départ est l'hypothèse de la non-intentionnalité des pratiques rituelles parce qu'elles sont ontologique-ment définies. La ritualisation est donc comprise comme une transformation de l'intentionnalité de l'acte.

par Catherine Bell, nous envisageons de nous concentrer sur les modes de la représentation littéraire et leurs manières de ritualiser la rencontre.[21]

En considérant la ritualité des rencontres, nous voyons l'opportunité de 'fusionner' deux notions centrales des recherches socio-culturelles ainsi que de les reconsidérer d'un point de vue analytique des études littéraires. Nous sommes fascinés par l'ambivalence structurelle entre le caractère événementiel et les processus itératifs qui caractérisent soit le concept du rite soit celui de la rencontre. Alors que le concept de rituel met en relief l'émergence d'un changement d'état du sujet, c'est-à-dire un mouvement fondamental de progression, celui de la rencontre accentue le fait ponctuel de l'événement. Cette opposition notionnelle s'accompagne d'une différence conceptuelle de l'action ainsi que du temps : la notion de rite est axée sur le résultat des processus progressifs d'une transition tandis que celle de la rencontre favorise la stratification des mouvements complexes se concentrant sur une situation instantanée. En considérant alors la ritualité des rencontres, nous voulons relever les modalités récurrentes, plutôt rituelles de ces dynamiques fondamentales, c'est-à-dire les déroulements modelés des mouvements convergents et divergents ainsi que les occurrences cycliques et anticycliques de la rencontre.

La représentation littéraire est essentielle pour l'analyse de l'ambivalence de ses caractéristiques de récurrence et d'occurrence. Les variations littéraires de représenter ces processus progressifs de la rencontre y fournissent des renseignements de qualité pluridimensionnelle, soit analytiques soit esthétiques. Nous voulons étudier et relever les modalités récurrentes, plutôt rituelles de ces dynamiques fondamentales, c'est-à-dire les déroulements modelés des mouvements convergents et divergents ainsi que les occurrences cycliques et anticycliques de la rencontre dans la narration. La littérature met en valeur par son caractère double, à savoir la représentation ainsi que la réflexion, le potentiel heuristique de la ritualité des rencontres. Pour cette raison, nous nous appuyons sur une tradition des études littéraires qui a déjà exploré la littérature et le rite ensemble. Ce corps littéraire a traité les rapports entre la littérature et le rite, ainsi que la qualité rituelle du théâtre.[22] La ressemblance du rite et de la littérature a été discutée quant à leurs ordres de signification symbolique.[23] Dans des études plus récentes, Myriam Watthee-Delmotte a

---

21  Cf. Catherine Bell, *Ritual Theory, Ritual Practice*, Oxford : Oxford University Press 2009, p. 13–66.

22  Richard F. Hardin en donne un résumé judicieux : Id., « ‹Ritual› in Recent Criticism : The Elusive Sense of Community » ; dans : *PMLA* 98, 5 (1983), p. 846–862.

23  Cf. et al. Wolfgang Braungart, *Ritual und Literatur*, Tübingen : Niemeyer 1996.

avancé l'élaboration des échelons divers de la ritualité littéraire.[24] Notre approche dans sa perspective plus restreinte sur la ritualité de rencontre se base là-dessus.

On pourrait demander pourquoi nous avons choisi le XIXe et XXe siècle comme cadre historique de nos recherches sur la ritualité de rencontre et objecter que la littérature plus ancienne encore est plus riche en évidences liée aux contextes rituels divers, comme par exemple à la vie cérémoniale de cour. Cependant, au XIXe siècle la société française se voit bouleversée par des tendances d'innovations socioculturelles qui se heurtent à un besoin de préserver les traditions héritées. La Première Restauration, à savoir la remise en place du système politique à la suite de la chute du Premier Empire en 1814, provoque une situation confuse et tendue dans laquelle s'entremêlent des forces contradictoires : innovatrices et traditionalistes. La prise en compte de ces forces sociales du point de vue de l'histoire des idées marque profondément ce siècle. De surcroît, la sécularisation progressive au XIXe siècle fournit une autre toile de fond sur laquelle la récurrence des structures rituelles de rencontre ouvre encore une autre perspective. Ces évolutions historiques nous ont amené à prolonger nos études de cas au XXe siècle ce qui nous permet d'étudier la continuité et l'évolution de la ritualité des rencontres dans un monde changeant et une littérature plus diverse. Le fait de penser et de reconsidérer la rencontre comme expression et forme de ces dynamiques rituelles nous permettra de décrire les mouvements socioculturels et hétérogènes de l'époque dans une nouvelle perspective.

Notre recueil ne prétend pas démontrer d'une manière complète ou exhaustive la conception littéraire de la ritualité des rencontres au XIXe et XXe siècle ; il se compose plutôt d'articles sélectionnés qui montrent la diversité et la capacité analytique du sujet en reprenant d'un côté des lieux sociaux exemplaires (comme le salon, le train ou le magasin) et de l'autre des moments particuliers de rencontre (comme le regard des amoureux, l'apparition inattendue ou même surnaturelle, la réception mondaine ou l'écriture autofictionnelle). La diversité exemplaire de la ritualité des rencontres littéraires promet une connectivité et un développement continu que nous voyons aussi pour les disciplines voisines comme la sociologie, l'anthropologie, l'ethnologie ou les sciences humaines en général.

---

24  Cf. Myriam Watthee-Delmotte, *Littérature et ritualité. Enjeux du rite dans la littérature française contemporaine*, Bruxelles et al. : Peter Lang 2010 ; voir en plus Myriam Watthee-Delmotte, « Pour une approche anthropologique du phénomène littéraire. La littérature comme rite », dans : *Bulletin de la Classe des Lettres et des Sciences morales et politiques. Académie Royale de Belgique* 23 (2013), p. 67–83 ; et Laurent Déom / Myriam Watthee-Delmotte (éds.), *Les Lettres romanes* 68 : « Ritualité de la littérature » (2013).

Notre réflexion sur les rencontres et leur ritualité s'ouvre par un article de Daniel Sangsue. Il relie le phénomène de l'apparition dans tout son spectre comme une forme de rencontre spécifique au contexte socioculturel du culte marial qui a connu un renouveau considérable pendant le XIXᵉ siècle. Cependant, il s'avère que la littérature s'en distingue en ironisant la scène d'apparition. L'exemple de la première rencontre entre Mme Arnoux et Frédéric dans *L'Éducation sentimentale* montre dans ses références inverses que Flaubert le comprend déjà comme un rituel narratif dans son caractère stéréotypé.

Dans sa contribution, Julie Anselmini se concentre sur la fonction narrative de la rencontre rituelle comme déclencheur de la narration dans un corpus des romans et recueils de nouvelles du XIXᵉ siècle. Elle repère les stratégies de l'encadrement narratif qui se superposent et qui ritualisent l'acte de raconter. Il ne suffit pas d'inaugurer le cercle des auditeurs autour du raconteur dans leur fidélité et la régularité de la rencontre ; la narration doit être rallié à un mystère, soit par une situation d'apparition soit par une thématique fantastique ou une merveilleuse racontée ensuite, qui lui confère un caractère sacré. La ritualité de la rencontre met ainsi en évidence une réinvention de l'enchantement du monde par l'acte de raconter.

À l'exemple d'*Eugénie Grandet* de Balzac, Karin Schulz élabore la dualité dynamique des modes de la représentation littéraire des rencontres entre l'enjeu de l'occurrence et de la récurrence. Ainsi peuvent-ils être compris comme une ritualité structurelle qui est propre à la narration et l'argumentation du roman. Le rituel est rallié à la monotonie habituelle de la vie campagnarde tandis que le caractère événementiel de la rencontre est apparent. Cette dialectique rituelle des *mouvements tranquilles* se révèle donc comme force motrice de la narration de Balzac ainsi que comme son moyen de réfléchir les conditions socioculturelles contemporaines.

Dans son analyse de la circulation des marchandises, Kirsten von Hagen réfléchit sur la sphère économique comme lieu ainsi que moment particulier de rencontre face à la nouvelle variété des biens de consommation au XIXᵉ siècle. Elle considère la mobilité sociale de l'individu féminin qui affronte à cette époque le domaine encore masculin des activités de l'économie. En se référant aux romans de Flaubert et Zola, elle met en question les processus ritualisés de la consommation traditionnelle par les habitudes d'achat des femmes.

Wolfram Nitsch, de sa part, met en valeur le compartiment ferroviaire comme un lieu spécifique du XIXᵉ siècle qui conditionne une structure nouvelle et des dynamiques modernes de la rencontre. À partir du guide pratique et humoristique *La vie en chemin de fer* (1888) de Pierre Giffard qui accentue de manière stéréotypée les actions possibles dans le compartiment ; il propose une lecture d'un comportement rituel dû aux exigences ferroviaires, comme par exemple l'horaire, les tunnels, le vacarme technique etc., chez les Naturalistes. Chez eux, il s'avère que le rituel ferroviaire de la rencontre en compartiment prend une fonction narrative qui peut soit faire obstacle à l'intrigue, soit la faire avancer.

En se focalisant sur la rencontre mondaine dans les salons, Fabian Schmitz considère un rituel spécifique aussi bien que traditionnel de la société et culture française. À l'exemple du salut des Guermantes, il révèle dans le roman *À la recherche du temps perdu* comment Marcel Proust utilise des symptômes corporels pour illustrer le vestige des pratiques rituelles représentant l'Ancien Régime.

Dans son article concernant les poétiques de la rencontre chez Francis Ponge (1899–1988), Sylvester Bubel considère la rencontre moderne entre l'homme et la nature en prenant la théorie de van Gennep et le discours contemporain vers 1900 sur la ritualité comme toile de fond culturel. Il identifie ainsi une pratique rituelle particulière de Ponge qui rappelle et renouvelle les traditions du fin-de-siècle.

Concernant la représentation littéraire des rencontres modernes du XXᵉ siècle, l'analyse de Jutta Fortin clôture notre recueil. Elle traite la ritualité des rencontres inscrite dans les nouvelles formes d'écriture autobiographique et reconsidère ainsi la ritualité de la narration des rencontres amoureuses dans les autofictions chez Camille Laurens.

✳✳✳

In fine, nous sommes reconnaissants au Centre d'Excellence « Les fondements culturels de l'intégration » qui nous a permis de poursuivre notre idée dans un colloque international du titre *La ritualité des rencontres – modes de représentation littéraire* qui s'est déroulé au sein de la faculté de lettres de l'Université de Konstanz, au Département des Littératures romanes, en janvier 2018. Nous voulons encore mentionner notre collègue Sandra Rudman qui nous a accompagnés dans nos discussions intenses et préparatoires ainsi que durant les journées du colloque. De même, Laura Richard et Anne Catherine Gieshoff qui ont affablement pris soin de nos textes. Nous remercions bien tous nos auteurs du volume pour les discussions animées et inspirantes durant le colloque convivial ainsi que pour leur collaboration engagée dans le cadre de ce projet de publication dont nous garderons ce très bel souvenir.

*Karin Schulz et Fabian Schmitz*

# Bibliographie

BELL, Catherine, *Ritual Theory, Ritual Practice*, Oxford : Oxford University Press 2009.

BAUDELAIRE, Charles, « À une passante », dans : Id., *Œuvres complètes*, t. 1, Claude Pichois (éd.), Paris : Gallimard 1975, p. 92s.

BAUDELAIRE, Charles, « Le peintre de la vie moderne », dans : Id., *Œuvres complètes*, t. 2, Claude Pichois (éd.), Paris : Gallimard 1975, p. 683–724.

BRAUNGART, Wolfgang, *Ritual und Literatur*, Tübingen : Niemeyer 1996.

DÉOM, Laurent / Myriam Watthee-Delmotte (éds.), *Les Lettres romanes* 68 : « Ritualité de la littérature » (2013).

FRIEDRICH, Hugo, *Epochen der italienischen Lyrik*, Frankfurt am Main : Klostermann 1964.

GENNEP, Arnold van, *Les rites de passages*, Paris : Nourry 1909.

GOFFMAN, Erving, *Les rites d'interaction*, Paris : Éditions de minuit 1974.

GRIMES, Ronald, *Beginnings in Ritual Studies*, édition révisée, Columbia (SC) : University of South Carolina Press 1995.

HARDIN, Richard F., « ‹Ritual› in Recent Criticism : The Elusive Sense of Community » ; dans : *PMLA* 98, 5 (1983), p. 846–862.

HEMPFER, Klaus W., « Probleme der Bestimmung des Petrarkismus. Überlegungen zum Forschungsstand », dans : Wolf-Dieter Stempel / Karlheinz Stierle (éds.), *Die Pluralität der Welten. Aspekte der Renaissance in der Romania*, München : Fink 1987, p. 253–277.

HOFFMEISTER, Gerhart, *Petrarkistische Lyrik*, Stuttgart : Metzler 1973.

HUMPHREY, Caroline / Laidlaw, James, *The Archetypal Actions of Ritual. A Theory of Ritual Illustrated by the Jain Rite of Worship*, Oxford : Oxford University Press 1994.

LUHMANN, Niklas, *Soziale Systeme. Grundriß einer allgemeinen Theorie*, Frankfurt am Main : Suhrkamp ⁶1996.

PLATVOET, Jan, « Ritual in plural and pluralist societies : instruments for analysis », dans : Id. / Karel van der Toorn (éds.), *Pluralism and identity : studies in ritual behaviour*, Leiden : Brill 1995, p. 25–42.

ROUSSET, Jean, *Leurs yeux se rencontrèrent. La scène de première vue dans le roman*, Paris : José Corti 1981.

STIERLE, Karlheinz, *La capitale des signes. Paris et son discours*, Marianne Rocher-Jacquin (trad.), Paris : Maison des Sciences de l'Homme 2001.

TURNER, Victor W., *The Ritual Process. Structure and Anti-Structure*, London : Routledge & Kegan Paul 1969.

TURNER, Victor W., *From Ritual to Theatre. The Human Seriousness of Play*, New York : PAJ Publications 1982.

WARNING, Rainer, *Lektüren romanischer Lyrik : von den Trobadors zum Surrealismus*, Freiburg : Rombach 1997.

WARSTAT, Matthias, « Ritual », dans : Erika Fischer-Lichte / Doris Kolesch / Matthias Warstat (éds.) : *Metzler Lexikon Theatertheorie*, Stuttgart / Weimar : Metzler 2014, p. 297–300.

WATTHEE-DELMOTTE, Myriam, *Littérature et ritualité. Enjeux du rite dans la littérature française contemporaine*, Bruxelles et al. : Peter Lang 2010.

WATTHEE-DELMOTTE, Myriam, « Pour une approche anthropologique du phénomène littéraire. La littérature comme rite », dans : *Bulletin de la Classe des Lettres et des Sciences morales et politiques. Académie Royale de Belgique* 23 (2013), p. 67–83.

Daniel Sangsue

# Rencontres et apparitions dans la littérature du XIXᵉ siècle

*à la mémoire de Jean Rousset*

**Abstract:** The article focuses on the first moment of encounter, the *apparition* of a future beloved which borrows its features to fantastic literature. Considering the Virgin's apparitions of the 19ᵗʰ century as impact on the apparition imagery, their influence on the representation of women in fantastic literary scenes of first encounter will be examined.

J'ai choisi d'articuler les notions de *rencontre* et d'*apparition* dans la littérature du XIXᵉ siècle et, pour cela, je m'appuierai sur la rencontre telle que Jean Rousset l'étudie dans *Leurs yeux se rencontrèrent. La scène de première vue dans le roman*, paru en 1981. Dans ce bel essai, Rousset se penche sur les scènes de première rencontre, ou de première vue, qui sont une composante obligée des romans : la scène où les protagonistes de l'histoire d'amour que racontent en général les romans se voient pour la première fois, scène décisive où ils se *révèlent* l'un à l'autre et qui est à l'origine de leur relation amoureuse, scène qui est donc un épisode « inaugural et causal »[1] fondateur, et dont toute la suite de l'intrigue romanesque dépend.

Jean Rousset parle du « caractère quasi-rituel »[2] de cette scène, car elle obéit à un programme, un modèle diégétique qu'il dégage et met à l'épreuve d'un large corpus, centré principalement sur la littérature française. Il distingue trois étapes qui sont les *topoï* de la scène de première rencontre : 1° « l'effet » du premier contact visuel, qui correspond la plupart du temps à un étonnement, un ébranlement soudains, pour lesquels on parle souvent de *coup de foudre* ; 2° « l'échange », par lequel les protagonistes commencent à communiquer, s'envoient des signaux ou des indices : regards, gestes, mimiques, paroles… ; et 3° « le franchissement », par lequel les protagonistes entrent en contact physique, contact qui n'est en général pas immédiat, mais plutôt différé, reporté.

---

1  Jean Rousset, *Leurs yeux se rencontrèrent. La scène de première vue dans le roman*, Paris : José Corti 1981, p. 7.
2  Ibid.

Dans ce modèle, ce qui va m'arrêter est le premier moment, celui du contact visuel initial, la *première vue* proprement dite. Jean Rousset, au tout début de son essai, utilise l'expression de « scène d'apparition »[3], dans la mesure où la révélation réciproque implique une soudaineté, une surprise et est vécue par les personnages comme un événement quasi-surnaturel. Dans l'article « ravissement » de ses *Fragments d'un discours amoureux*, Roland Barthes utilisait lui-même quatre fois les termes « apparition » ou « apparaître » et il notait :

> Le coup de foudre est une hypnose : je suis fasciné par une image : d'abord secoué, électrisé, muté, retourné, « torpillé », comme l'était Ménon par Socrate, modèle des objets aimés, des images captivantes, ou encore converti par une apparition, rien ne distinguant la voie de l'énamoration du chemin de Damas [...].[4]

Jean Rousset et Roland Barthes se servent donc tous deux du terme d'*apparition* à propos des scènes de première rencontre amoureuse. S'ils le font, c'est aussi parce que ce terme se trouve sous la plume des auteurs qu'ils commentent. Il suffit de penser à la fameuse phrase « Ce fut comme une apparition » utilisée par Flaubert pour la scène de première vue de Frédéric et de Madame Arnoux dans *L'Éducation sentimentale*.

Ce que je me propose de faire ici, c'est d'essayer de comprendre quel imaginaire la notion d'apparition recouvre lorsqu'un romancier y recourt pour évoquer une première rencontre. Qu'est-ce que les écrivains du XIXᵉ siècle ont à l'esprit lorsqu'ils assimilent un personnage féminin (c'est le cas le plus courant) vu pour la première fois à une apparition ? Un fantôme ? un ange ? la Vierge Marie ? « Apparition » renvoie au surnaturel, au religieux, au fantastique et c'est un terme qui ne va pas de soi dans la culture rationaliste du XIXᵉ siècle et en particulier dans l'univers réaliste du roman.

Dans un premier temps, je vais m'intéresser à la notion d'apparition telle qu'elle se définit dans la culture du XIXᵉ siècle et montrer comment l'imaginaire qui lui est attaché est fortement infléchi par le phénomène récurrent des apparitions mariales. Je vais ensuite essayer de voir dans quelle mesure les apparitions de la Vierge, les *mariophanies*, ont eu un impact sur les représentations des scènes de première rencontre, et j'essaierai de l'illustrer avec l'exemple particulier de *L'Éducation sentimentale*. Commençons donc par nous interroger sur la notion d'apparition.

---

3   Ibid., p. 9.
4   Roland Barthes, *Fragments d'un discours amoureux*, Paris : Seuil 1977, p. 224.

# Le large spectre des apparitions

Si l'on examine la définition du mot « apparition » dans le *Petit Robert*, on apprend qu'il signifie premièrement l'« action d'apparaître, de se montrer aux yeux », comme dans les expressions *l'apparition d'un phénomène*, *l'apparition du jour*. Dans une deuxième acception, *apparition* signifie « le fait de venir à l'existence, de se manifester pour la première fois », comme dans l'expression *l'apparition des hommes sur la Terre*. Enfin, la troisième signification d'*apparition* est : « manifestation d'un être invisible qui se montre tout à coup sous une forme visible », et le *Petit Robert* de citer *l'apparition de Jésus-Christ aux rois mages*, *l'apparition de la Vierge à sainte Catherine*. Dans cette acception, *apparition* désigne également la « vision de cette forme », comme dans l'expression *avoir des apparitions*, et, par analogie, « l'être imaginaire que le visionnaire croit apercevoir (voir *fantôme, revenant, spectre*) : *une terrible apparition* »[5].

C'est évidemment cette troisième acception qui m'intéresse : l'apparition comme « manifestation d'un être invisible qui se montre tout à coup sous une forme visible ». Dans cette définition, il faut remarquer le « tout à coup », qui semble reprendre la définition du *Grand Larousse du XIXᵉ siècle* où l'apparition est aussi la « manifestation d'un être, d'un objet qui, d'invisible, se rend tout à coup visible »[6]. Ce « tout à coup » confirme que l'apparition est la phase première et soudaine du phénomène en apparence surnaturel, son surgissement brusque, et qu'elle produit un moment d'incompréhension, de trouble qui correspond à la fameuse « hésitation fantastique » définie par Todorov. Maupassant thématise ce lien étroit entre apparition et soudaineté dans sa nouvelle *La Peur*, dont les protagonistes aperçoivent une scène insolite le temps d'« une seconde », de la fenêtre d'un wagon du PLM lancé à grande vitesse : « Ce fut *tout à coup* comme une apparition fantastique. »[7] Pour Maupassant, « fantastique » doit s'entendre au sens de « surnaturel » (le narrateur et son compagnon de voyage imaginent une scène de sorcellerie).[8] Mais toute apparition n'est-elle pas surnaturelle, n'est-ce pas un pléonasme d'ajouter « fantastique » ? Dans *L'Éducation sentimentale*,

---

5  Cf. l'article « apparition » dans : *Le Nouveau Petit Robert*, Josette Rey-Debove et al. (éds.), Paris : Dictionnaires Le Robert 1993, p. 101.

6  Cf. l'article « apparition » dans : Pierre Larousse, *Grand dictionnaire universel du XIXᵉ siècle*, Paris : Administration du Grand Dictionnaire universel 1866, t. I, p. 505.

7  Guy de Maupassant, « La peur », dans : Id., *Apparition et autres contes d'angoisse*, Antonia Fonyi (éd.), Paris : Flammarion 1987, p. 95 [*Le Figaro*, 25 juillet 1884]. Je souligne.

8  C'est dans cette nouvelle que se trouve la fameuse affirmation : « On se dit : ‹ Plus de fantastique, plus de croyances étranges, tout l'inexpliqué devient explicable. Le

Flaubert se limite à la formule : « Ce fut comme une apparition ». Je répondrai qu'« apparition fantastique » n'est pas redondant dans la mesure où ce n'est pas son éventuel caractère surnaturel qui fait de la scène aperçue dans *La Peur* une apparition, mais sa soudaineté, sa fulgurance (« Ce fut », « tout à coup »), qui la rendent irréductiblement inexplicable, ininterprétable, sinon par approximation (« Ce fut *comme...* »), et la font entrer dans le fantastique.

Par conséquent, il peut y avoir des apparitions qui ne relèvent pas du surnaturel : le « visible » qui se montre soudainement est susceptible de ne pas renvoyer à de l'« invisible » ou à de l'irréel. Pensons à ces apparitions brusques *du réel* traitées par le philosophe Clément Rosset à travers ce qu'il appelait la « représentation panique ». Elles consistent en une coïncidence foudroyante du réel et de sa représentation qui a pour effet « de priver l'intéressé du temps généralement nécessaire à la prise en considération de ce qui lui arrive » et de créer chez lui une terreur panique, due à son incapacité de « retrouver le réel par le biais de la représentation, tardive ou anticipée »[9]. En somme, comme l'écrivait encore Rosset, « il y a *reconnaissance* de quelque chose *qui n'a pas encore été connu* »[10] et qui apparaît dans sa singularité, son *idiotie* (au sens originel du terme) effrayantes – et Clément Rosset de citer l'exemple du film *Duel* de Spielberg (1972), où un automobiliste est confronté aux apparitions d'un camion qui ne cesse de le poursuivre.

S'il existe donc de brusques révélations du réel qu'on peut appeler *apparitions*, la plupart des apparitions renvoient cependant au surnaturel et concernent des phénomènes de revenance, soit le surgissement, dans notre monde, de fantômes, de spectres, c'est-à-dire de morts-vivants (ou de pseudo morts-vivants s'il s'agit d'illusions ou de mystifications). Ces revenants sont le sujet de ces nouvelles fantastiques qui portent explicitement le titre d'« Apparition » ou de « Vision » : *Apparition* de Boucher de Perthes (1832), *Apparitions* de Tourguéniev (1866) ; *Apparition* de Maupassant (1832), *Une heure ou la vision* de Nodier (1806) ou *Vision de Charles XI* de Mérimée (1829). Mais il peut exister aussi des apparitions de *vivants*, comme dans les phénomènes de télépathie étudiés par Bergson dans son article « Fantômes de vivants » où il évoque « l'apparition d'un malade ou d'un mourant à un parent ou à un ami qui demeure très loin, peut-être aux

---

surnaturel baisse comme un lac qu'un canal épuise ; la science, de jour en jour, recule les limites du merveilleux » (ibid., p. 96).

9    Clément Rosset, *Le Réel. Traité de l'idiotie*, Paris : Minuit 1977, p. 136.

10   Ibid., p. 137.

antipodes »[11], phénomènes qui ont beaucoup intéressé Balzac, lequel met en scène, dans *Le Réquisitionnaire*, une mère qui a la « vision terrible »[12] de son fils au moment où il est fusillé à l'autre bout de la France.

Les nouvelles qui portent le titre de « vision » et la propre vision de cette mère nous rappellent que les apparitions, de même que les fantômes, peuvent être interprétées soit comme des irréalités objectives, des manifestations du surnaturel dans notre monde, soit comme des réalités subjectives, des hallucinations du sujet qui *croit* les voir.[13] Pour ces dernières, Maxime Du Camp utilise la judicieuse expression d'*apparitions internes*. Évoquant Nerval, il écrit :

> Un jour, au coucher du soleil, à Montmartre, sur la terrasse d'une maison à l'italienne, il vit une apparition et entendit une voix qui l'appelait. Il s'élança, tomba et resta évanoui du choc, qui aurait pu le tuer. [...] Dès qu'il cessa de voir Jenny Colon, elle devint pour lui une sorte d'apparition interne avec laquelle il vécut. Troublé par ses idées de kabbale et de magie, il la confondit avec les déesses, avec les saintes, avec les étoiles ; un jour, il s'avisa qu'elle ne pouvait être que l'incarnation de sainte Thérèse.[14]

Qu'elles soient des manifestations de l'au-delà ou des hallucinations intérieures, les apparitions sont évoquées avec une rhétorique bien connue, celle de l'indistinction et de l'indétermination. Le terme de comparaison, dans la formule « Ce fut comme une apparition... », reflète cette indétermination, de même que, chez Maupassant, le verbe récurrent « apercevoir », qui n'est pas seulement lié à la vision soudaine, mais aussi à une vision incomplète, floue, vague. Dans *Lui ?* : « J'aperçus quelqu'un assis dans mon fauteuil »[15] ; dans *La peur* : « Il [Tourguéniev] se retourna d'une secousse et il aperçut un être effroyable qui le regardait avidement »[16], et dans *Le tic* : « J'ouvris la porte brusquement et j'aperçus dans l'ombre une forme blanche dressée, quelque chose comme un fantôme. »[17] Ce dernier exemple, qui concentre la soudaineté et la perception indistincte, montre

---

11  Henri Bergson, « "Fantômes de vivants" et "recherche psychique" » [1913], *L'Énergie spirituelle* [1919], Paris : Presses Universitaires de France 2003, p. 64.

12  Honoré de Balzac, « Le Réquisitionnaire », dans : *Le Colonel Chabert, suivi de trois autres nouvelles*, Patrick Berthier (éd.), Paris : Gallimard 1974, p. 236.

13  Cf. Daniel Sangsue, *Fantômes, esprits et autres morts-vivants, essai de pneumatologie littéraire*, Paris : José Corti 2011, p. 19.

14  Maxime Du Camp, *Souvenirs littéraires*, Paris : Balland 1984, chap. « Les illuminés », p. 188 et 190.

15  Guy de Maupassant, « Lui ? », dans : Id., *Apparition et autres contes*, p. 57.

16  Guy de Maupassant, « La peur », dans : Id., *Apparition et autres contes*, p. 99.

17  Guy de Maupassant, « Le tic », dans : Id., *Apparition et autres contes*, p. 86.

en outre que ce qui se présente est d'abord une apparition, que le visionnaire n'identifie à un fantôme que dans un second temps.

De fait, si l'indéfinition règne, c'est aussi parce que toutes sortes d'êtres, voire d'objets sont susceptibles d'apparaître : un être gigantesque se déplaçant en traîneau dans les glaces du pôle et appelé « cette apparition » avant d'être reconnu comme le monstre de Frankenstein ;[18] « un gigantesque heaume, cent fois plus grand qu'aucun casque jamais fait pour un être humain, et couvert d'une quantité proportionnée de plumes noires »[19] dans Le Château d'Otrante ; un pied de momie, dans la nouvelle éponyme de Gautier, ou la tête de saint Jean Baptiste en ascension, « terrifiante vision »[20] qui saisit Salomé dans L'Apparition de Gustave Moreau décrite par Huysmans dans À rebours.

## Les apparitions mariales

Après ce rapide passage en revue des divers types et formes d'apparitions qui peuvent se rencontrer, recentrons-nous sur les apparitions d'ordre surnaturel. Dans la définition du Petit Robert dont je suis parti, la troisième acception d'apparition (« manifestation d'un être invisible qui se montre tout à coup sous une forme visible ») est illustrée par l'apparition de Jésus-Christ aux rois mages, l'apparition de la Vierge à sainte Catherine et une citation de Balzac : « La seule faiblesse de cet homme vraiment honnête était de croire aux apparitions des esprits »[21]. À côté des apparitions surnaturelles profanes (fantômes, esprits et autres morts-vivants), il ne faut en effet pas oublier le vaste continent des apparitions surnaturelles religieuses : apparitions des dieux de la mythologie antique et, pour en rester à la culture occidentale, apparitions de Dieu, des saints, du Christ (épiphanies) et de la Vierge (mariophanies).

Quelle est la place de ces apparitions de type religieux dans la littérature du XIXᵉ siècle ? Comme le sujet est vaste, je vais me concentrer sur les apparitions mariales.

---

18  Mary Shelley, Frankenstein ou le Prométhée moderne, Germain d'Hangst (trad.), Paris : Flammarion 1979, p. 77.

19  Horace Walpole, « Le Château d'Otrante », Dominique Corticchiato (trad.), dans : Id., Romans terrifiants, Francis Lacassin (éd.), Paris : Laffont 1984, p. 12. Objet surnaturel ou vision ? « Il fixait son regard sur ce qu'il voulait en vain considérer comme une hallucination » (ibid.).

20  Joris-Karl Huysmans, À rebours, Daniel Grojnowski (éd.), Paris : Flammarion 2004, p. 93.

21  Citation tirée de Séraphîta et qui concerne Swedenborgs : Honoré de Balzac, Séraphîta, Paris : Berg International 1986, p. 63.

Si je reviens aux définitions des dictionnaires, mais cette fois du XIXᵉ siècle, j'observe que chez Littré *l'apparition* est la « manifestation d'un objet qui se rend visible » et qu'il donne pour exemples : « Les apparitions des dieux. Apparition nocturne [...] », puis dans le prolongement : « Spectre, vision, fantôme », avec cet ajout : « Il y a dans les campagnes bien des gens qui croient encore aux apparitions »[22]. Littré mentionne donc les « apparitions des dieux », mais pas celles du Christ ni de la Vierge et, comme on pouvait s'y attendre de la part de ce rationaliste, il rejette les apparitions comme des superstitions d'un monde arriéré et rustique. Quant à Larousse, il donne les exemples suivants : « l'apparition de Dieu à Moïse, l'apparition de Jésus-Christ à plusieurs saints, l'apparition d'un ange à Joseph, l'apparition d'Hector à Énée, l'apparition d'une croix à Constantin, l'apparition d'un spectre, l'apparition des esprits ». On le constate, il n'est pas question de la Vierge dans ces exemples. Les apparitions mariales sont reléguées à la fin de la partie « beaux-arts » de la définition, où Larousse évoque quelques tableaux représentant des apparitions de la Vierge.

Cette absence des apparitions mariales dans la définition de Larousse a de quoi surprendre, car Pierre Larousse conçoit son dictionnaire comme le miroir des connaissances et de l'actualité du XIXᵉ siècle. Or le XIXᵉ siècle est le grand siècle des mariophanies : je rappelle que la Vierge apparaît successivement à Catherine Labouré, dans son couvent de la rue du Bac, en 1830, aux petits bergers de La Salette en 1846, à Bernadette Soubirous à Lourdes en 1858, et qu'elle se manifeste également à Pontmain (1871), Saint-Bauzille-de-la-Sylve (1873), Pellevoisin (1876), et dans plusieurs endroits hors de France.[23] Manifestement, à l'instar de Littré, Larousse ignore ces phénomènes qui troublent ses exigences de scientificité, comme le confirme l'article « Lourdes » du *Grand Larousse* qui parle de « prétendue vision miraculeuse » et se termine par une explication rationnelle possible de l'apparition à Bernadette.[24]

En excluant les apparitions mariales de leurs définitions, les deux lexicographes sont représentatifs de tout un courant de l'opinion de leur époque qui a les plus grands doutes sur la réalité des apparitions de la Vierge et les considère comme orchestrées par une Église en crise depuis la Révolution et qui désire regagner le cœur des fidèles par les séductions du culte marial, d'où les congrégations

---

22   Cf. l'article « apparition » dans : Émile Littré, *Dictionnaire de la langue française*, Paris : Hachette 1873, t. I, p. 167.

23   Cf. Yves Chiron, *Enquête sur les apparitions de la Vierge*, Paris : Perrin / Mame 1995.

24   Cf. Larousse, *Grand Dictionnaire universel*, t. 10, art. « Lourdes », p. 732. Explication de Larousse : « l'apparition était une jeune femme qui avait un rendez-vous galant dans la grotte » !

mariales, les Enfants de Marie et le dogme de l'Immaculée Conception promulgué en 1854.[25] Certains pensent même que les apparitions de Lourdes sont une sorte de réplique de l'Église à l'engouement pour le spiritisme, car la pratique des tables tournantes détourne les croyants des voies traditionnelles d'accès à l'au-delà telles que la dévotion aux âmes du Purgatoire. L'Église, dans sa stratégie de reconquête des fidèles, opposerait ainsi les apparitions mariales aux apparitions de fantômes.

## Retombées littéraires

Quel a été l'impact des apparitions et du culte de la Vierge sur la littérature ? On sait qu'il existe toute une poésie mariale, de longue tradition et qui n'est d'ailleurs pas liée aux apparitions,[26] et que l'événement même des apparitions a donné lieu à quelques œuvres littéraires, plutôt polémiques, telles que *Le Symbolisme de l'Apparition* (rédigé en 1880) de Bloy, *Lourdes* de Zola (1894) et *Les Foules de Lourdes* (1906) de Huysmans. Mais, à lire les actes d'un colloque récent sur *La Vierge Marie dans la littérature française*,[27] force est de constater qu'excepté chez les auteurs que je viens de citer et plus tard chez les Jammes, Péguy et Claudel, la thématique mariale est peu développée et que l'évocation de la Vierge est restée dans la sphère de livres pieux souvent écrits par des ecclésiastiques en vue de l'édification des fidèles.[28]

On trouve bien une apparition mariale dans une addition de *La Chartreuse de Parme*, dans laquelle Stendhal écrit à propos de Fabrice :

> Son caractère profondément religieux et enthousiaste prit le dessus. Oserons-nous dire qu'il avait des visions ? Il lui semblait que la Madone, sollicitée du fond de l'Italie par sa tante Gina Pietranera, daignait lui apparaître et lui promettre son secours. Il lui semblait que sa tante lui tendait les bras et l'embrassait pendant son sommeil.[29]

---

25  Cf. l'essai de Stéphane Michaud, *Muse et madone. Visages de la femme de la Révolution française aux apparitions de Lourdes*, Paris : Seuil 1985, en particulier p. 19–22.

26  Cf. Henri Chandavoine (éd.), *Anthologie de la poésie mariale*, Paris : Éditions du Cerf 1993, qui contient des poèmes de Gautier, Hugo, Leconte de Lisle, Heredia, Coppée, Verlaine, Corbière, entre autres.

27  Cf. Jean-Louis Benoît (éd.), *La Vierge Marie dans la littérature française. Entre foi et littérature*, Lyon : Jacques André 2014.

28  Cf. Joachim Bouflet / Philippe Boutry (éds.), *Un signe dans le ciel. Les apparitions de la Vierge*, Paris : Grasset 1997.

29  Stendhal, *La Chartreuse de Parme*, Michel Crouzet (éd.), Paris : Librairie générale française 2000, p. 679. Addition de l'exemplaire Royer.

Mais il s'agit justement d'une addition, et elle concerne un Fabrice que Stendhal a peint comme particulièrement naïf, voire simplet, et dévot à l'instar de tous les Italiens. De même, quand Flaubert évoque Emma se remémorant ses visions de pensionnaire : « [...] le dimanche, à la messe, quand elle relevait sa tête, elle apercevait le doux visage de la Vierge parmi les tourbillons bleuâtres de l'encens qui montait »[30] c'est évidemment pour dénoncer le mirage des consolations religieuses et la niaiserie de la dévotion mariale. N'écrivait-il pas à Mlle Leroyer de Chantepie, en 1866 : « Il y a un fond de bêtise dans l'humanité qui est aussi éternel que l'humanité elle-même. [...] Quand le peuple ne croira plus à l'Immaculée Conception, il croira aux tables tournantes. »[31] Ce rapprochement confirme la rivalité que je relevais plus haut et nous amène à la question des rapports entre apparitions fantomatiques et apparitions mariales dans la littérature. Plus précisément : est-ce que les apparitions de fantômes et les apparitions mariales coexistent ? Au cours du siècle, observe-t-on une transformation des fantômes féminins en figures mariales ? Et les apparitions mariales infléchissent-elles l'imaginaire de l'apparition en général ?

Pour la première question, la coexistence des apparitions fantomatiques et des apparitions mariales, tout se passe comme s'il n'y avait pas de cohabitation possible entre surnaturel religieux et surnaturel laïque. Pour le dire vite, les « fantastiqueurs » du XIXe siècle tendent à établir leurs fictions dans un registre profane, sans doute parce que le recours à un surnaturel religieux fait intervenir une foi incompatible avec la rationalité et le vraisemblable qu'ils veulent préserver, car leur fantastique opère toujours sur fond de réalisme. Aussi, malgré les vœux de Chateaubriand, le merveilleux chrétien, n'a-t-il pas vraiment *pris* dans la littérature française du XIXe siècle, pas même dans la littérature fantastique, alors qu'il est prégnant dans la littérature allemande, comme l'ont montré Albert Béguin et Stéphane Michaud en étudiant la figure de la Vierge chez Jean-Paul, Clemens Brentano et Novalis.[32] Dans la littérature fantastique française, on pouvait s'attendre à ce que les apparitions mariales florissantes au XIXe siècle transforment les fantômes féminins en figures mariales, mais ce n'est pas le cas, comme je vais le montrer.

---

30  Gustave Flaubert, *Madame Bovary*, Jacques Neefs (éd.), Paris : Librairie générale française 1999, p. 199.

31  Gustave Flaubert, *Correspondance*, Jean Bruneau (éd.), Paris : Gallimard 1973–2007, t. 3, p. 479 (lettre du [16] janvier 1866).

32  Cf. Albert Béguin, *L'Âme romantique et le rêve*, Paris : José Corti 1939, en particulier p. 173s. et chap. XIV « Ave Maria Stella », p. 269s. ; Michaud, *Muse ou madone*, chap. 3. Liane et Sophie : Jean-Paul et Novalis.

D'un point de vue plus général, en observant les récits fantastiques du xixᵉ siècle, on peut constater schématiquement que les apparitions féminines sont re-présentées selon deux perspectives. Si le fantôme féminin présente des caractères malfaisants, s'il paraît potentiellement néfaste pour le visionnaire, s'il provoque la peur, il sera alors peint sous les traits d'une créature diabolique et vampirique. Qu'on pense aux mortes amoureuses qui s'emparent des corps et de la psyché des amants qu'elles séduisent par vengeance ou jalousie : la Fiancée de Corinthe de Goethe, la Clarimonde de *La Morte amoureuse* de Gautier, la Femme au collier de velours de Dumas ou la Vénus d'Ille de Mérimée par exemple. Si la revenante est au contraire bienveillante, protectrice, si l'amour qu'elle propose est inoffensif et réparateur, elle sera alors rapprochée d'une créature céleste qui peut être un ange, éventuellement une sainte ou la Vierge, mais qui reste le plus souvent in-déterminée. On pourrait lui appliquer l'expression de « *femme flottante* » utilisée par Georges Didi-Huberman dans *Phasmes. Essais sur l'apparition* pour qualifier certaines représentations comme *la Joconde* ou la *Madone Sixtine*, dont la « ra-vissante blancheur » et le caractère insituable et inidentifiable « forment […] un ensemble de choses confuses, logiquement repliées sur elles-mêmes, aporétiques, comme en arrêt. »[33]

## Scènes romanesques d'apparitions

Dans son introduction aux actes du colloque sur *La Vierge Marie dans la lit-térature française*, Jean-Louis Benoît, considérant que « le xixᵉ siècle est le grand siècle de Marie »[34], affirme qu'il existe des « connotations mariales » dans les représentations de toutes les héroïnes des romans du xixᵉ siècle. Et il va jusqu'à affirmer que « le *topos* de l'apparition dans la scène de rencontre renvoie […] aux apparitions de Marie »[35]. Les nombreuses apparitions et le culte voué à la Vierge tout au long du siècle auraient donc marqué la représentation des scènes de première rencontre romanesque en y surimposant le modèle de l'apparition de la Vierge. Or c'est manifestement exagéré.

Si l'on examine des romans du xixᵉ siècle où des scènes de première rencontre, ou même de simple rencontre, sont représentées comme des apparitions, on n'y trouve pas en effet le renvoi aux apparitions de Marie que Jean-Louis Benoît veut y voir. Par exemple, dans *Corinne* de Madame de Staël, Oswald rêve de Lucie

---

33  Cf. Georges Didi-Huberman, *Phasmes. Essais sur l'apparition*, Paris : Minuit 1998, p. 92.

34  Cf. Benoît, *La Vierge Marie dans la littérature française*, p. 13.

35  Ibid., p. 14.

« sous la forme d'un ange »[36] et lorsqu'il la voit au réveil, c'est sous cette forme :
« Elle ressemblait au songe de lord Nelvil, et il fut un moment ému en la voyant,
comme par une apparition surnaturelle »[37]. Dans *Raphaël* de Lamartine, la
figure féminine qui se dessine sur « le fond lumineux de la fenêtre »[38], taille « plus
grande que nature », « teint pâle »[39], est plutôt un fantôme qu'un ange : « En tout,
c'était l'apparition d'une âme sous les traits de la plus délicate beauté »[40]. Dans
*Indiana*, l'apparition est renvoyée à une vague magie :

> Les contes fantastiques étaient à cette époque dans toute la fraîcheur de leur succès ;
> aussi, les érudits du genre comparèrent cette jeune femme à une ravissante apparition
> évoquée par la magie, qui, lorsque le jour blanchirait l'horizon, devait pâlir et s'effacer
> comme un rêve.[41]

Tout aussi indéterminée est la première vision de la Esmaralda par Claude
Frollo dans *Notre-Dame de Paris* : « Le prêtre la vit sortir de terre comme une
éblouissante apparition »[42]. Bien qu'il s'agisse d'un ecclésiastique et qu'on soit
dans un contexte marial (Notre-Dame de Paris), la jeune femme n'est pas comparée à la Vierge – il est vrai que c'est une bohémienne ! Mais dans *Les Travailleurs
de la Mer*, Déruchette, qui est une « apparition »[43] céleste pour Gilliatt (« Un
jour, Gilliatt eut une vision ; le ciel s'ouvrit, Gilliatt vit Déruchette arroser des
laitues »[44]), n'est pas non plus décrite comme une figure mariale ni même un
ange. Elle apparaît à la fois comme un fantôme et une créature céleste indéterminée : « Des branchages d'un fourré déjà épaissi par le printemps, sortit avec
une ineffable lenteur *spectrale et céleste*, une figure, une robe, un visage *divin*,
presque une clarté sous la lune. »[45] En revanche, la première rencontre de Marius
et d'Éponine, dans *Les Misérables*, est placée sous le signe de l'ange :

---

36  Madame de Staël, *Corinne ou l'Italie*, Simone Balayé (éd.), Paris : Gallimard 1985,
    p. 456.
37  Ibid., p. 456.
38  Alphonse de Lamartine, *Raphaël*, Aurélie Loiseleur (éd.), Gallimard 2011, p. 46.
39  Ibid., p. 47. La haute taille est une caractéristique des fantômes. Voir mes *Fantômes,
    esprits et autres morts-vivants*, p. 80–82.
40  Lamartine, *Raphaël*, p. 48.
41  George Sand, *Indiana*, Béatrice Didier (éd.), Paris : Gallimard 1984, p. 80.
42  Victor Hugo, *Notre-Dame de Paris*, Jacques Seebacher (éd.), Paris : Librairie générale
    française 1998, p. 429.
43  Victor Hugo, *Les Travailleurs de la Mer*, David Charles (éd.), Paris : Librairie générale
    française 2002, p. 216.
44  Ibid., p. 219.
45  Ibid., p. 585. Je souligne. Qu'est-ce qu'un visage *divin* ?

Un jour, l'air était tiède, le Luxembourg était inondé d'ombre et de soleil, le ciel était pur comme si les anges l'eussent lavé le matin, [...] Marius [...] ne pensait à rien, il vivait et il respirait, il passa près de ce banc, la jeune fille leva les yeux sur lui, leurs deux regards se rencontrèrent.[46]

Le regard de la jeune fille est un « rayon céleste et fatal »[47], elle est « belle d'une beauté tout ensemble féminine et angélique »[48], et si « c'est une vierge qui regarde comme une femme »[49], Hugo ne met pas de majuscule à *vierge*. En somme, dans toutes ces apparitions qui subliment les scènes de première rencontre ou de simple rencontre, c'est l'indétermination qui règne.

## « Ce fut comme une apparition »

J'aimerais terminer ce parcours par un bel exemple d'indétermination, celui de la fameuse phrase du premier chapitre de *L'Éducation sentimentale* de Flaubert que j'ai déjà citée : « Ce fut comme une apparition »[50], qui inaugure la scène de première rencontre de Frédéric Moreau avec Madame Arnoux, la femme qu'il aimera tout au long du roman sans oser le lui avouer. Si l'on considère la phrase en elle-même, il faut remarquer le terme de comparaison : Flaubert n'écrit pas « Ce fut une apparition », mais « Ce fut *comme* une apparition ». Ce qui peut se comprendre ainsi : la vision de Madame Arnoux est comme une apparition pour Frédéric, elle produit sur lui le même effet qu'une apparition. Et par « apparition » nous devons entendre « vision surnaturelle ». Cela étant, de *quel surnaturel* s'agit-il ? Comme nous l'avons vu, *apparition* peut renvoyer aussi bien aux apparitions de fantômes qu'aux apparitions de la Vierge, des saints, des anges, du Christ, et à d'autres phénomènes encore.

## Une apparition mariale

À première vue, la comparaison de Flaubert semble impliquer plutôt une apparition de la Vierge, car la vision en cause ici n'est pas celle d'un fantôme, au sens d'un mort qui revient, mais celle d'une femme, bien vivante, et dont nous apprendrons plus loin qu'elle s'appelle Marie (Arnoux). Dans la présentation de

---

46  Victor Hugo, *Les Misérables*, Yves Gohin (éd.), Paris : Gallimard 1973, t. II, p. 288.
47  Ibid., p. 289.
48  Ibid., p. 294.
49  Ibid., p. 289.
50  Gustave Flaubert, *L'Éducation sentimentale*, Pierre-Marc de Biasi (éd.), Paris : Librairie générale française 2002, p. 46.

cette femme, on peut lire : « toute sa personne se découpait sur le fond de l'air bleu » et « cette finesse des doigts que la lumière traversait »[51]. Ces éléments de la représentation de Madame Arnoux, ainsi que le comportement de Frédéric, font irrésistiblement penser à une apparition de la Vierge. La silhouette découpée sur le bleu du ciel, les doigts traversés par la lumière, l'ovale parfaitement dessiné du visage, plus loin l'enfant sur les genoux correspondent à l'iconographie traditionnelle de la Vierge Marie,[52] tandis que « l'éblouissement » provoqué chez Frédéric, qui « fléchit involontairement les épaules »[53], comme s'il se mettait en adoration et qui ensuite éprouve « une pensée de bénédiction, [...] un mouvement de cœur presque religieux »[54], campent le héros dans une attitude de dévotion mariale. Que la relation amoureuse entretenue par Frédéric avec Madame Arnoux relève d'un culte marial, tout le roman le montre suffisamment pour qu'il soit nécessaire d'y insister. Je relèverai seulement que le héros ne cesse de la « contempler »[55], terme auquel il faut redonner son sens étymologique religieux, qu'« une sorte de crainte religieuse »[56] l'empêche de se déclarer, qu'il éprouve un sentiment de « profanation »[57] lorsqu'il découvre le coffret de son idole chez Rosanette, etc. Tous ces éléments justifient donc l'interprétation mariophanique de la formule « Ce fut comme une apparition ».

## Les fantômes de Trouville

Mais cette formule peut se rapporter aussi à une apparition fantomatique. Si vous avez étudié *L'Éducation sentimentale*, vous savez que l'amour idéal et non consommé de Frédéric pour Madame Arnoux est censé transposer un épisode de la propre vie de Flaubert, son amour d'adolescent pour Élisa Schlésinger, une femme de dix ans plus âgée que lui, mère de famille et épouse de l'éditeur de musique Maurice Schlésinger, un amour de jeunesse non consommé dont il a dit qu'il avait été la seule vraie passion de son existence. Flaubert a fictionnalisé

---

51  Ibid., p. 47.
52  Cf. Philippe Boutry, « L'iconographie des apparitions mariales dans la France du XIXᵉ siècle : l'Unique », dans : Bruno Béthouart / Alain Lottin (éds.), *La Dévotion mariale de l'an mil à nos jours*, Arras : Artois Presses Université 2005.
53  Flaubert, *L'Éducation sentimentale*, p. 47.
54  Ibid., p. 50.
55  Ibid., p. 115 (« il la contemplait »), p. 133 (« La contemplation de cette femme... »), p. 222 (« c'était une contemplation qui l'engourdissait... »), p. 294.
56  Ibid., p. 309.
57  Ibid., p. 388.

cet amour inaccompli dans plusieurs récits où, à chaque fois, Elisa apparaît sous la forme d'un fantôme : dans les *Mémoires d'un fou* (1838),[58] dans *Novembre* :

> Un autre jour, une voiture a passé devant mes yeux, j'ai levé la tête, un grand voile blanc sortait de la portière et s'agitait au vent, les roues tournaient, il se tordait, il m'appelait, il a disparu, et je suis retombé seul, abîmé, plus abandonné qu'au fond d'un précipice. Oh ! si l'on pouvait extraire de soi tout ce qui y est et faire un être avec la pensée seule ! si l'on pouvait tenir son fantôme dans les mains…[59]

et dans la première *Éducation sentimentale* (1845). Cette figure qui *revient* sans cesse d'un récit à l'autre est un fantôme dans l'esprit de Flaubert, car chaque fois qu'il évoque Élisa Schlésinger, c'est le terme qu'il utilise. Quand il écrit à Louise Colet :

> Tu as accusé ces jours-ci les fantômes de Trouville ! Mais je t'ai beaucoup écrit depuis que je suis à Trouville ! […] J'entends gronder les jours passés, et se presser comme des flots toute l'interminable série des passions disparues.[60]

Ou quand il écrit à Élisa Schlésinger elle-même :

> L'avenir pour moi n'a plus de rêves. Mais les jours d'autrefois se représentent comme baignés dans une vapeur d'or. – Sur ce fond lumineux où de chers fantômes me tendent les bras, la figure qui se détache le plus splendidement, c'est la vôtre ! – Oui, la vôtre. Ô pauvre Trouville ![61]

Madame Arnoux est donc une transposition d'Elisa Schlésinger et l'« apparition » de *L'Éducation sentimentale* renvoie à ce *fantôme de Trouville* qui hante Flaubert depuis sa jeunesse.

## « Au haut de son escalier »

Mais une autre figure se cache également dans cette apparition. Si l'on se reporte aux notes de Claudine Gothot-Mersch et de Pierre-Marc de Biasi dans leurs éditions de *L'Éducation sentimentale*, on apprend quelque chose d'étonnant. Tous deux signalent que la formule « Ce fut comme une apparition » est empruntée au récit de voyage *Le Nil* de Maxime Du Camp et qu'elle s'appliquait, dans ce

---

58  Pour une analyse plus détaillée, cf. Daniel Sangsue, *Vampires, fantômes et apparitions. Nouveaux essais de pneumatologie littéraire*, Paris : Hermann 2018, chap. XII « Enquête sur une apparition (Flaubert, *L'Éducation sentimentale* I, 1) ».

59  Gustave Flaubert, « Novembre », dans : Id., *Œuvres de jeunesse*, Claudine Gothot-Mersch et Guy Sagnes (éds.), Paris : Gallimard 2001, p. 816–817.

60  Flaubert, *Correspondance*, t. 2, lettre du 21 août 1853, p. 404.

61  Flaubert, *Correspondance*, t. 4, janv. 1869–déc. 1875, p. 585.

texte, à Koutchouk-Hânem, une courtisane égyptienne pratiquée par Du Camp et Flaubert lors de leur voyage en Egypte. Voici le passage de Du Camp où s'est effectué l'emprunt de Flaubert :

> Le soleil allait disparaître derrière les montagnes de la chaîne libyque lorsque, précédé de deux matelots et suivi de Joseph [son domestique], je me rendis chez Koutchouk-Hânem. Je poussai une porte fermée au loquet et j'entrai dans une petite cour sur laquelle descendait un étroit escalier extérieur. En haut des degrés, Koutchouk-Hânem m'attendait. Je la vis en levant la tête ; ce fut comme une apparition. Debout, sous les derniers rayons de soleil qui l'enveloppaient de lumière, vêtue d'une simple chemise en gaze couleur brun de Madère et de larges pantalons en cotonnade blanche à raies roses, les pieds nus dans ses babouches, les épaules couvertes par les flots de soie bleue qui formaient le gland [...].<sup>62</sup>

Pudiquement, Du Camp ne décrit que les danses auxquelles Koutchouk-Hânem et une autre jeune prostituée se sont livrées devant lui, mais Flaubert, dans les notes de son *Voyage en Egypte*, raconte dans le détail la nuit torride passée avec la belle prostituée, nuit à la fois érotique et amoureuse dont il garda un souvenir durable.

Voilà que l'*apparition*, qu'on avait interprétée comme religieuse, se rapporte à une prostituée. Cela ouvre un abîme de suppositions et de réflexions. Pourquoi Flaubert a-t-il repris la formule qui qualifiait Koutchouk-Hânem pour l'appliquer à Madame Arnoux ? Pierre-Marc de Biasi parle de « clin d'œil »<sup>63</sup> entre les deux amis. On peut en effet penser à une sorte de *private joke* qui, d'une part, rappellerait le souvenir de la nuit orgiaque en scellant la complicité des deux voyageurs par la formule partagée *Ce fut comme une apparition* (en somme une préfiguration du « C'est là ce que nous avons eu de meilleur » de la fin du roman) et, d'autre part, laisserait entendre ironiquement<sup>64</sup> à l'autre que la femme vertueuse est l'équivalent d'une putain.

La fameuse phrase tirée de Du Camp fait donc de Madame Arnoux un avatar de Koutchouk-Hânem. Mais la transposition de Koutchouk-Hânem dans Madame Arnoux ne peut être perçue que par des lecteurs avertis : des lecteurs qui ont lu *Le Nil* et sont capables de reconnaître la citation de Du Camp dans la formule de Flaubert, soit sans doute le cercle des amis de Flaubert et Du Camp et quelques lecteurs de l'époque assez perspicaces pour faire le rapprochement nécessaire. Et, au XXI<sup>e</sup> siècle, la critique universitaire et les lecteurs qui lisent

---

62  Maxime Du Camp, *Le Nil (Égypte et Nubie)*, Paris : Pillety Fils aîné 1854, p. 115.

63  Flaubert, *L'Éducation sentimentale*, p. 46, note 4.

64  Ironie liée à une parodie, constituée par la simple recontextualisation incongrue de la formule de Du Camp.

*L'Éducation sentimentale* dans les éditions de Claudine Gothot-Mersch ou de Pierre-Marc de Biasi, à condition qu'ils prennent connaissance des notes de bas de page.

## Dernières apparitions

Mais ce n'est pas tout. La formule « Ce fut comme une apparition » contient encore d'autres allusions, cette fois moins déguisées car perceptibles par un plus large lectorat, à la fois au XIXᵉ siècle et aujourd'hui : des allusions à deux romans romantiques célèbres, *Le Lys dans la vallée* (1836) de Balzac et *Volupté* (1834) de Sainte-Beuve. On sait que *L'Éducation sentimentale* se veut une réplique à cet autre roman d'apprentissage amoureux déceptif qu'est *Le Lys dans la vallée*[65] et que le roman de Balzac est lui-même une réécriture de *Volupté* de Sainte-Beuve. Je ne vais pas montrer comment les deux derniers romans « refont »[66] celui qui les a précédés, mais simplement relever les scènes d'apparitions et observer comment elles se retrouvent dans *L'Éducation sentimentale*.

Dans *Volupté*, celle qui sera l'amour idéal et platonique d'Amaury, Madame de Couaën, lui est révélée à travers deux scènes d'apparition successives. Dans la seconde apparition, on peut lire :

> Comme je levais les yeux au tournant de la descente, j'aperçus vers l'angle du rempart, à l'endroit juste d'où la première fois il nous avait vus venir, celle même que je conduisais alors. Elle nous guettait du logis à son tour et brillait de loin sur sa plate-forme, *comme une apparition de châtelaine*, blanche dans l'ombre, calme et clémente […].[67]

Quant au *Lys dans la vallée*, il s'ouvre sur l'évocation d'un fantôme. Dans les pages liminaires où il dédie son récit à Natalie de Manerville, Félix, le héros-narrateur, écrit en effet :

> Enfin, tu l'as deviné, Natalie, et peut-être vaut-il mieux que tu saches tout : oui, ma vie est dominée par un fantôme, il se dessine vaguement au moindre mot qui le provoque, il s'agite souvent de lui-même au-dessus de moi.[68]

---

65  Cf. la préface de Pierre-Marc de Biasi, dans : Flaubert, *L'Éducation sentimentale*, p. 10, p. 22, et l'avant-texte cité p. 20 où l'on peut lire : « *Prendre garde au* Lys dans la vallée ».

66  Suivant le terme de Balzac : « Je referai *Volupté* ». Cité par Raphaël Molho dans l'introduction de son édition de Charles-Augustin Sainte-Beuve, *Volupté*, Paris : Garnier-Flammarion 1969, p. 32.

67  Ibid., p. 104. Je souligne.

68  Honoré de Balzac, *Le Lys dans la vallée*, Anne-Marie Meininger (éd.), Paris : Gallimard 2004, p. 17.

Ce fantôme, c'est celui de Madame de Mortsauf, que Félix a aimée de façon platonique et qui, morte, hante sa mémoire. Contrairement à Madame de Couaën, la comtesse de Mortsauf est donc un vrai fantôme. Mais, avant d'être une revenante, la comtesse a été une apparition. Souvenons-nous de la seconde rencontre des deux protagonistes :

> Quoique madame de Mortsauf n'eût prononcé qu'un mot au bal, je reconnus sa voix qui pénétra mon âme et la remplit comme un rayon de soleil remplit et dore le cachot d'un prisonnier. En pensant qu'elle pouvait se rappeler ma figure, je voulus m'enfuir ; il n'était plus temps, elle apparut sur le seuil de la porte, nos yeux se rencontrèrent.[69]

Le mot « apparut », plutôt que « parut », témoigne de la volonté de Balzac de faire de la rencontre de Félix et de Mme de Mortsauf un événement miraculeux. Par la suite, Madame de Mortsauf est explicitement comparée à la Vierge Marie, dans un dialogue où elle fait promettre à Félix de lui vouer un amour chaste :

> « […] dites, dites ! m'aimez-vous saintement ?
> – Saintement.
> – À jamais ?
> – À jamais.
> – Comme une vierge Marie, qui doit rester dans ses voiles et sous sa couronne blanche ?
> – Comme une vierge Marie visible. »[70]

Avec sa formule « Ce fut comme une apparition », Flaubert s'inscrit évidemment dans le sillage des apparitions de *Volupté* et du *Lys dans la vallée*. Sa propre scène cite d'ailleurs à la fois Sainte-Beuve et Balzac : dans « ce fut comme une apparition », on retrouve le « comme une apparition de châtelaine » de *Volupté* ainsi que le « elle apparut » du *Lys dans la vallée*, et dans « Leurs yeux se rencontrèrent », qui termine la scène, le « nos yeux se rencontrèrent » du même *Lys dans la vallée*.

Mais ces apparitions des romans de Sainte-Beuve et Balzac s'inscrivent elles-mêmes dans une constellation de scènes d'apparition romanesques dont nous avons vu qu'elles constituaient un *topos* de la scène de première rencontre ou de rencontre dans la littérature du xixᵉ siècle. Ces apparitions, comme nous l'avons aussi constaté, sont le plus souvent indéterminées (fantôme ? Vierge ? ange ?) et c'est la raison pour laquelle une formule y revient : « il fut […] ému en la voyant, comme par une apparition surnaturelle » (*Corinne*) ; « [ils] comparèrent cette jeune femme à une ravissante apparition » (*Indiana*) ; « Le prêtre la vit sortir de terre comme une éblouissante apparition » (*Notre-Dame de Paris*).

---

69   Ibid., p. 48.
70   Ibid., p. 203.

Dès lors, tout se passe comme si, en détachant l'énoncé « Ce fut comme une apparition » du reste de son texte, en l'*épinglant*, et en concentrant en lui toutes sortes d'apparitions possibles, Flaubert dénonçait le caractère formulaire, stéréotypé de la scène d'apparition dans le roman de son siècle. On se prend à imaginer un article du *Dictionnaire des idées reçues* : « *PREMIÈRE RENCONTRE (scène de) : Toujours une apparition ». Il y a donc aussi cette lecture ironique possible de « Ce fut comme une apparition », en plus du clin d'œil à Koutchouk-Hanem, parmi toutes celles que j'ai proposées. Si on se souvient de l'Immaculée Conception et des tables tournantes associées à la bêtise de l'humanité, cette ironie saute aux yeux… *comme une apparition* !

## Bibliographie

BARTHES, Roland, *Fragments d'un discours amoureux*, Paris : Seuil 1977.

BALZAC, Honoré de, *Le Colonel Chabert, suivi de trois autres nouvelles*, Patrick Berthier (éd.), Paris : Gallimard 1974.

BALZAC, Honoré de, *Séraphîta*, Paris : Berg International 1986.

BALZAC, Honoré de, *Le Lys dans la vallée*, Anne-Marie Meininger (éd.), Paris : Gallimard 2004.

BÉGUIN, Albert, *L'Âme romantique et le rêve*, Paris : José Corti 1939.

BENOÎT, Jean-Louis (éd.), *La Vierge Marie dans la littérature française. Entre foi et littérature*, Lyon : Jacques André 2014.

BERGSON, Henri, « "Fantômes de vivants" et "recherche psychique" » [1913], *L'Énergie spirituelle* 1919, Paris : Presses Universitaires de France 2003.

BOUFLET, Joachim / Boutry, Philippe (éds.), *Un signe dans le ciel. Les apparitions de la Vierge*, Paris : Grasset 1997.

BOUTRY, Philippe, « L'iconographie des apparitions mariales dans la France du XIXᵉ siècle : l'Unique », dans : Bruno Béthouart / Alain Lottin (éds.), *La Dévotion mariale de l'an mil à nos jours*, Arras : Artois Presses Université 2005.

CHANDAVOINE, Henri (éd.), *Anthologie de la poésie mariale*, Paris : Éditions du Cerf 1993.

CHIRON, Yves, *Enquête sur les apparitions de la Vierge*, Paris : Perrin / Mame 1995.

DIDI-HUBERMAN, Georges, *Phasmes. Essais sur l'apparition*, Paris : Minuit 1998.

DU CAMP, Maxime, *Le Nil (Égypte et Nubie)*, Paris : Pillety Fils aîné 1854.

DU CAMP, Maxime, *Souvenirs littéraires*, Paris : Balland 1984.

FLAUBERT, Gustave, *Correspondance*, Jean Bruneau (éd.), Paris : Gallimard 1973–2007.

FLAUBERT, Gustave, *Madame Bovary*, Jacques Neefs (éd.), Paris : Librairie générale française 1999.

FLAUBERT, Gustave, « Novembre », dans : Id., *Œuvres de jeunesse*, Claudine Gothot-Mersch et Guy Sagnes (éds.), Paris : Gallimard 2001, p. 816–817.

FLAUBERT, Gustave, *L'Éducation sentimentale*, Pierre-Marc de Biasi (éd.), Paris : Librairie générale française 2002.

HUGO, Victor, *Les Misérables*, Yves Gohin (éd.), Paris : Gallimard 1973.

HUGO, Victor, *Notre-Dame de Paris*, Jacques Seebacher (éd.), Paris : Librairie générale française 1998.

HUGO, Victor, *Les Travailleurs de la Mer*, David Charles (éd.), Paris : Librairie générale française 2002.

HUYSMANS, Joris-Karl, *À rebours*, Daniel Grojnowski (éd.), Paris : Flammarion 2004.

LAMARTINE, Alphonse de, *Raphaël*, Aurélie Loiseleur (éd.), Paris : Gallimard 2011.

LAROUSSE, Pierre, *Grand dictionnaire universel du xixᵉ siècle*, Paris : Administration du Grand Dictionnaire universel 1866.

*Le Nouveau Petit Robert*, Josette Rey-Debove et al. (éds.), Paris : Dictionnaires Le Robert 1993.

LITTRÉ, Émile, *Dictionnaire de la langue française*, Paris : Hachette 1873.

MADAME DE STAËL, *Corinne ou l'Italie*, Simone Balayé (éd.), Paris : Gallimard 1985.

MAUPASSANT, Guy de, *Apparition et autres contes d'angoisse*, Antonia Fonyi (éd.), Paris : Flammarion 1987.

MICHAUD, Stéphane, *Muse et madone. Visages de la femme de la Révolution française aux apparitions de Lourdes*, Paris : Seuil 1985.

ROSSET, Clément, *Le Réel. Traité de l'idiotie*, Paris : Minuit 1977.

ROUSSET, Jean, *Leurs yeux se rencontrèrent. La scène de première vue dans le roman*, Paris : José Corti 1981.

SAINTE-BEUVE, Charles-Augustin, *Volupté*, Paris : Garnier-Flammarion 1969.

SAND, George, *Indiana*, Béatrice Didier (éd.), Paris : Gallimard 1984.

SANGSUE, Daniel, *Fantômes, esprits et autres morts-vivants, essai de pneumatologie littéraire*, Paris : José Corti 2011.

SANGSUE, Daniel, *Vampires, fantômes et apparitions. Nouveaux essais de pneumatologie littéraire*, Paris : Hermann 2018.

SHELLEY, Mary, *Frankenstein ou le Prométhée moderne*, Germain d'Hangst (trad.), Paris : Flammarion 1979.

STENDHAL, *La Chartreuse de Parme*, Michel Crouzet (éd.), Paris : Librairie générale française 2000.

WALPOLE, Horace, « Le Château d'Otrante », Dominique Corticchiato (trad.), dans : Id., *Romans terrifiants*, Francis Lacassin (éd.), Paris : Laffont 1984.

Julie Anselmini

# Ritualité des rencontres et production du récit dans les fictions narratives du XIXᵉ siècle

**Abstract:** In fictional narratives of the second half of the 19th century, the significance of the ritual encounter as a source and framework for the story reveals the desire to reinvent the enchantment of the world as well as the quest for the sacred – even by making the act of story-telling sacred itself.

Que le récit naisse de la rencontre, programmée ou improvisée, d'un groupe de personnes, est une idée aussi ancienne que féconde : le *Décaméron* de Boccace, au XIVᵉ siècle, et l'*Heptaméron* de Marguerite de Navarre, au XVIᵉ siècle, mettent par exemple en scène un groupe de personnes de qualité, accidentellement réunies en un lieu isolé par une épidémie de peste (chez Boccace) ou par la crue d'un fleuve (chez M. de Navarre), et qui se racontent des histoires pour passer le temps. Notre objet, cependant, outre qu'il concerne la littérature du XIXᵉ siècle, est plus précis, puisqu'il a trait à des rencontres rituelles, qui ont donc, au sens faible, un caractère de régularité et de coutume, et qui, au sens fort, ont les caractéristiques et les fonctions d'un rite, soit d'une cérémonie réglée ayant valeur initiatique ou liturgique, et qui fonde en cela une communauté, plus ou moins large, de fidèles ou d'initiés. Notre questionnement portera ainsi sur la nature des rencontres rituelles qui engendrent un récit, sur la manière dont elles sont représentées dans l'œuvre, sur l'impact qu'elles exercent sur les thèmes, les structures, mais aussi les enjeux idéologiques et symboliques de celle-ci. On peut, en effet, suggérer qu'à travers le motif de la rencontre rituelle, un discours est construit sur la communauté et sur les formes anciennes ou nouvelles des croyances et des liens qui la soudent, réflexion que le XIXᵉ siècle entreprend, comme on le sait, sur le fond d'un désenchantement et d'une crise généralisée des valeurs et des repères sacrés, en cette ère de modernité ouverte avec fracas par la Révolution de 1789.

Mon enquête progressera librement à travers différents récits appartenant plutôt à la seconde moitié du siècle, que je présenterai brièvement en avant-propos, avant de formuler un ensemble de remarques touchant à la poétique du récit, puis à la question du sacré que soulèvent, sous plusieurs formes, les dispositifs textuels fondés sur une rencontre rituelle.

## Présentation du corpus

Le premier texte que j'ai retenu est *François le Champi* de George Sand, court roman publié en 1848. Il est précédé d'un avant-propos dans lequel la romancière se met en scène se promenant à la campagne un soir d'automne en compagnie d'un ami, avec qui elle engage un débat sur la vérité et la beauté de l'art, plus particulièrement d'un art qui puiserait sa force dans les paysages et dans les mœurs rustiques. Au terme de ce dialogue, l'ami de la romancière invite celle-ci à se remémorer la veillée à la ferme à laquelle ils ont participé le soir précédent ; au cours de cette veillée, un chanvreur (celui qui prépare la fibre du chanvre afin qu'elle soit tissée) a raconté plusieurs histoires, relayé par la vieille servante du curé ; c'est l'une de ces histoires que la romancière est invitée à transcrire ou plutôt, comme elle le dit, à traduire, de façon qu'un auditeur ou lecteur parisien puisse la comprendre et la goûter aussi bien qu'un paysan. L'histoire de François le Champi – François l'enfant trouvé – s'ouvre ensuite au début du roman, scandé par plusieurs références aux deux conteurs et à la veillée rustiques, source du récit, jusqu'à la fin de celui-ci :

> « … Là finit l'histoire, dit le chanvreur » en évoquant les noces de François et Madeleine.
> « L'histoire est donc vraie de tous points ? demanda Sylvine Courtioux », une autre paysanne assistant à cette veillée. « Si elle ne l'est pas, elle le pourrait être, répondit le chanvreur, et si vous ne me croyez pas, allez y voir. »[1]

Le roman se clôt par cette formule qu'on trouve rituellement à la fin des contes traditionnels, et Sand, en préfaçant un peu plus tard *La Petite Fadette* (bâti sur un dispositif similaire), désignera ce dernier roman, *La Mare au diable* et *François le Champi* comme « une série de contes villageois » intitulés « *Les Veillées du chanvreur* »[2].

Dans l'ordre chronologique, le deuxième texte que je solliciterai est *La Femme au collier de velours* d'Alexandre Dumas, longue nouvelle parue en 1849 (dans le journal *Le Constitutionnel* puis en librairie), et qui est inspirée d'une nouvelle de Pétrus Borel (*Gottfried Wolfgang*, 1843) elle-même reprise d'un texte de l'Américain Washington Irving, *L'Aventure de l'étudiant allemand* (1824). Dans le premier chapitre de *La Femme au collier de velours*, qui en compte dix-huit, le narrateur, qui se présente comme Alexandre Dumas lui-même, évoque longuement le salon de l'Arsenal, cette bibliothèque dont Charles Nodier était le

---

1   George Sand, *François le Champi*, Paris : Librairie générale française 1999, p. 196.
2   George Sand, « Préface de l'édition originale [1849] », dans : Id., *La Petite Fadette*, Paris : Gallimard 2004, p. 245–251, ici : p. 250.

conservateur,[3] et où il accueillait, tous les dimanches de 18 heures à minuit, un cercle d'amis, de gens de lettres et d'artistes, en leur offrant un dîner suivi de causeries et de musique. Dumas participa lui-même régulièrement à ces réunions, du début des années 1820 jusqu'à la mort de Nodier en 1844. Dans ce premier chapitre, il dépeint avec une précision nostalgique ces soirées de l'Arsenal, en plaçant au centre de son propos la personnalité généreuse et fantaisiste de Nodier, et les récits dont il ne manquait pas, après dîner, de régaler ses convives ; l'histoire de *La Femme au collier de velours*, précise l'auteur à la fin de ce chapitre, est l'une des histoires racontées par Nodier.[4] Puis le récit à proprement parler, empreint de fantastique, commence au chapitre suivant et ne comporte plus d'allusion à Nodier ni à l'Arsenal jusqu'à son dénouement.

Les deux dernières œuvres de mon corpus sont deux recueils de nouvelles, *Les Diaboliques* de Jules Barbey d'Aurevilly et les *Contes de la Bécasse* de Guy de Maupassant. Parue en 1874, *Les Diaboliques* est une œuvre déjà tardive de l'auteur de *L'Ensorcelée* ou du *Chevalier des Touches*, en passe de devenir l'un des maîtres à penser et à imiter de la jeune génération symboliste et décadentiste. Ce recueil comporte six nouvelles dont plusieurs commencent par l'évocation d'une rencontre conviviale et rituelle : *Le Bonheur dans le crime* débute par le récit d'une promenade coutumière pendant laquelle le narrateur (qu'on peut assimiler au romancier) converse avec l'un de ses plus vieux amis, un médecin, qui lui confie l'histoire de deux de ses patients ; *Le Dessous de cartes d'une partie de whist* débute lors d'une soirée chez la baronne de Mascranny, au cours de laquelle le plus brillant causeur de cette soirée raconte l'une de ses aventures ; *À un dîner d'athées* enfin s'ouvre par la description d'une messe, à laquelle s'oppose une autre cérémonie longuement décrite juste après : les dîners d'athées organisés les vendredis chez M. de Mesnilgrand à l'occasion des séjours de son fils, « bombances sacrilèges »[5] au cours desquelles, bien entendu, on se raconte des histoires. C'est l'une d'elles, contée par Mesnilgrand fils, qui est ensuite rapportée et qui constitue la plus grande partie de la nouvelle.

Pour finir, les *Contes de la Bécasse* de Maupassant, parus en juin 1883, comportent dix-sept brefs récits prépubliés dans le *Gil Blas* et le *Gaulois* au cours de l'année précédente. Le tout premier récit pose le cadre des suivants et en est

---

3   Cf. Vincent Laisney, *L'Arsenal romantique. Le salon de Charles Nodier (1824–1834)*, Paris : Honoré Champion 2002.

4   Cf. Alexandre Dumas, *La Femme au collier de velours*, Anne-Marie Callet-Bianco (éd.), Paris : Gallimard 2006, p. 83.

5   Jules Barbey d'Aurevilly, *Les Diaboliques*, Jacques Petit (éd.), Paris : Gallimard 2003, p. 255.

la justification, car il s'agit du récit des dîners de chasseurs réunis par le vieux
baron des Ravots, dîners immanquablement ponctués du rite dit de la Bécasse.
Citons un peu longuement le texte, dominé par un imparfait à valeur itérative
qui souligne bien le caractère rituel de ces dîners et de leur déroulement :

> A l'automne, au moment des chasses, [le baron] invitait, comme à l'ancien temps, ses
> amis [...]. Et, le soir, il exigeait de chacun le récit fidèle de sa journée. Et on restait trois
> heures à table en racontant des coups de fusil. C'étaient d'étranges et invraisemblables
> aventures, où se complaisait l'humeur hâbleuse des chasseurs. [...] Mais il existait dans
> la maison une vieille coutume, appelée le « conte de la Bécasse ». Au moment du passage
> de cette reine des gibiers, la même cérémonie recommençait à chaque dîner. Comme
> ils adoraient l'incomparable oiseau, on en mangeait tous les soirs un par convive ; mais
> on avait soin de laisser dans un plat toutes les têtes. Alors le baron, officiant comme
> un évêque, se faisait apporter sur une assiette un peu de graisse, oignait avec soin les
> têtes précieuses en les tenant par le bout de la mince aiguille qui leur sert le bec[6] [et les
> faisait rissoler sur une chandelle]. Puis il saisissait un de ces crânes ainsi préparés, le
> fixait sur une épingle, piquait l'épingle sur un bouchon, maintenait le tout en équilibre
> au moyen de petits bâtons croisés comme des balanciers, et plantait délicatement cet
> appareil sur un goulot de bouteille en matière de tourniquet. Tous les convives comp-
> taient ensemble, d'une voix forte : – Une, – deux, – trois. Et le baron, d'un coup de doigt,
> faisait pivoter ce joujou. Celui des invités que désignait, en s'arrêtant, le long bec pointu,
> devenait maître de toutes les têtes, régal exquis qui faisait loucher ses voisins. [...] Il
> les prenait une à une et les faisait griller sur la chandelle. La graisse crépitait, la peau
> rissolée fumait, et l'élu du hasard croquait le crâne suiffé en le tenant par le nez et en
> poussant des exclamations de plaisir. [...] Puis, quand il avait achevé le dernier [crâne],
> il devait, sur l'ordre du baron, conter une histoire pour indemniser les déshérités. Voici
> quelques-uns de ces récits.[7]

Les seize récits suivants sont ainsi amenés et justifiés, mais notons qu'ils ne
comportent plus aucune allusion au dispositif initial, même si certain conte, on
y reviendra, le duplique en quelque sorte.

Chacune des quatre œuvres présentées s'organise donc à partir ou autour
d'une rencontre qu'on peut qualifier de rituelle, parce qu'elle est habituelle et a
des allures de cérémonie. Ces rencontres renvoient à des réalités concrètes de
la vie socio-culturelle du xixe siècle ; ce sont des rencontres profanes, même si
des effets d'analogie peuvent les apparenter à des rencontres para-religieuses ou
anti-religieuses, comme par exemple le dîner d'athées qu'on a cité. Notons enfin

---

6　L'image de l'évêque et le verbe « oindre » assimilent bien ici cette coutume à une
　　liturgie.
7　Guy de Maupassant, « La Bécasse », dans : Id., *Contes de la Bécasse*, Paris : Robert
　　Laffont 1988, p. 440.

que parmi ces rencontres rituelles, le dîner figure en meilleure place. Dans les recueils de nouvelles, un tel motif renvoie à une longue tradition, puisque les *noveles*, à la fin du Moyen Age, désignent des histoires qu'on échange à la fin du repas, et de nombreux recueils de la Renaissance sont fondés sur ce scenario.[8] On le retrouve dans beaucoup de nos textes, où l'on constate par ailleurs que le récit lui-même est assimilé à un mets savoureux. Dans *La Bécasse* de Maupassant, le récit du dîneur chanceux est un dédommagement pour les autres commensaux, c'est l'équivalent symbolique du régal. Dans *À un dîner d'athées* de Barbey d'Aurevilly, on trouve aussi la métaphore gastronomique longuement filée à propos des récits eux-mêmes racontés au cours de ces dîners.[9]

Examinons à présent plus précisément le « rendement » à la fois formel et sémantique de la rencontre rituelle, qui apparaît dans tous les cas comme la matrice du récit.

## Rencontres rituelles et poétique des récits

Au plan formel, la rencontre rituelle sert de cadre au récit principal, et occupe une place à la fois cruciale et marginale. Dans les différents cas, en effet, elle fait l'objet d'un avant-propos ou d'un récit-cadre qui inaugure l'œuvre et qui joue à la fois le rôle de seuil et de déclencheur du récit principal. En même temps, la rencontre est reléguée aux marges du récit : dans *François le Champi* il s'agit d'un paratexte de l'œuvre, qui fonctionne à la fois comme préface et comme récit enchâssant ; dans *La Femme au collier de velours*, le récit liminaire se cantonne dans le premier chapitre ; dans les *Contes de la Bécasse* enfin seul le premier texte fait office de récit encadrant, au sein duquel les suivants sont censés s'emboîter ; ce dispositif, qui n'est plus mentionné par la suite, vient fédérer de façon un peu artificielle la série de contes assez hétéroclites regroupés dans le recueil.

Dans ces trois cas, l'évocation de la rencontre conviviale pourrait donc apparaître comme une cheville narrative, servant d'amorce au récit mais ne jouant plus guère de rôle une fois que celui-ci est lancé. Mais en réalité, le récit-cadre joue à chaque fois un rôle déterminant et structurant. D'abord, il expose les circonstances dans lesquelles le récit a été recueilli, ce qui renforce chez le lecteur l'illusion que ces récits ont été effectivement racontés par des personnes réelles, et relatent des faits authentiques. Ce montage sert la crédulité ludique au cœur de la lecture. Ensuite, le récit-cadre donne le ton et offre une sorte de clef musicale pour le récit qui suit. Dans *François le Champi*, l'identité paysanne des deux conteurs justifie ainsi la simplicité et la couleur rustique du récit, jusque dans la langue patoisante qu'il met en œuvre ; de même, dans les *Contes de la Bécasse*, les hôtes du baron des Ravots sont de robustes chasseurs qui n'ont pas froid aux yeux et qui sont amateurs de gaillardises, ce qui correspond bien à la teneur et au registre de ces histoires, souvent très réalistes, ancrées dans le terroir normand, et qui déroulent des anecdotes parfois grivoises (où l'on retrouve souvent le thème de la chasse). Dans ce recueil, un des contes enchâssés, *La Rempailleuse*, reprend d'ailleurs en son début le motif du dîner de chasseurs où l'on raconte des histoires ; cette duplication du scénario initial aboutit à un nouveau récit enchâssé dans un récit déjà enchâssé, soit à un enchâssement au deuxième degré et, à l'échelle de l'œuvre, à un triple niveau de narration.

Cet effet d'enchâssement amène quant à lui, à chaque fois, une mise en abyme dans l'œuvre des conditions énonciatives du récit ou du conte : nous, lecteurs, lisons une œuvre qui a d'abord le statut d'un récit oral, transcrit ou adapté par l'auteur ; récit qui, avant de susciter nos réactions, a provoqué celles des premiers auditeurs. L'œuvre en tire une évidente réflexivité, qui peut s'accompagner d'une forme de distanciation, suivant que la figure du conteur est plus ou moins proche ou éloignée de celle de l'écrivain. Plus généralement, l'accent est mis sur l'acte narratif tout autant que sur l'énoncé ; c'est particulièrement net dans *Les Diaboliques*, ou les récits-cadres qui ouvrent les nouvelles sont très développés, comme si les circonstances du récit comptaient autant que son contenu, et comme si l'art de raconter était, au fond, le véritable sujet de ces nouvelles.

Quant à la régularité des rencontres, elle joue également un rôle structurant. Elle est mise en avant dans les récits-cadres, de façon à justifier le caractère sériel des récits enchâssés ou encore le talent du conteur, entraîné à l'exercice du récit par une longue habitude et aiguillonné par l'envie de rivaliser avec les causeurs qui l'entourent. Mais la répétition rituelle peut aussi se trouver thématisée dans les récits emboîtés, comme dans *Le Dessous de cartes d'une partie de whist*, où le récit enchâssé s'ouvre par la description de réunions d'aristocrates, à Valognes, sous la Restauration, pendant lesquelles ces nobles désœuvrés, à l'écart de toute vie politique, s'adonnent rituellement à un loisir devenu manie frénétique, le whist[10] (jeu de cartes qui obéit lui-même à des codes ésotériques !).

Pour que le récit soit déclenché, on notera cependant qu'à l'habitude, au rite, doit s'adjoindre un élément exceptionnel. Prenons l'exemple du *Bonheur dans le crime*. Le narrateur premier se livre au plaisir coutumier de sa promenade avec le

---

10  La vie du comte et de la comtesse de Savigny, dans *Le Bonheur dans le crime*, est également fortement ritualisée.

docteur Torty, lorsqu'advient un fait insolite : alors qu'ils admirent une panthère, à la ménagerie du Jardin des Plantes, survient un couple d'amoureux tellement superbes, qu'ils détournent sur eux l'attention des promeneurs,[11] fascinés par cette apparition quasi surnaturelle :

> C'étaient [...] des créatures supérieures, qui n'apercevaient pas même à leurs orteils la terre sur laquelle ils marchaient, et qui traversaient le monde dans leur nuage, comme, dans Homère, les Immortels ![12]

À cet événement hors du commun, s'ajoute une coïncidence encore plus extraordinaire : ce couple de visiteurs, en effet, est un homme et une femme que connaît justement le docteur, qu'eux en revanche n'ont pas reconnu, tant ils sont absorbés par eux-mêmes et par leur amour. En outre, ce couple si beau et si insolemment oublieux du monde qui l'entoure, est cimenté par un crime – celui de l'ancienne épouse du comte de Savigny –, comme le révèlera l'histoire du bon docteur. Chez Barbey d'Aurevilly, l'élément extraordinaire qui déclenche ou justifie le récit peut encore résider dans le degré superlatif auquel est parvenu ce soir-là le talent du conteur : l'histoire de Mesnilgrand naît ainsi du dîner « le plus corsé de tous ceux que le vieux M. de Mesnilgrand eût donnés. »[13] Chez Dumas, l'histoire de *La Femme au collier de velours* a de même un statut singulier : ce n'est pas simplement l'une des histoires que Nodier racontait à l'Arsenal ; c'est la toute dernière histoire qu'il a racontée à Dumas, avant de mourir ; l'histoire fantastique qu'il nous transmet prend donc une valeur testamentaire qui en renforce la portée, et sa restitution par Dumas prend une valeur d'hommage, presque de résurrection, comme le montre la clausule du premier chapitre :

> Avec Nodier, tout mourut à l'Arsenal, joie, vie et lumière ; ce fut un deuil qui nous prit tous ; chacun perdait une portion de lui-même en perdant Nodier. Moi, pour mon compte, je ne sais comment dire cela, mais j'ai quelque chose de mort en moi depuis que Nodier est mort. Ce quelque chose ne vit que lorsque je parle de Nodier [...]. Maintenant l'histoire qu'on va lire, c'est celle que Nodier m'a racontée.[14]

Le mécanisme de la répétition peut donc suffire à lui seul à produire le récit, en une structure sérielle où se déploiera une diversité de contes, comme c'est le cas chez Maupassant. Mais dans la plupart des cas, la répétition et la régularité ne suffisent pas, c'est leur conjonction avec un élément exceptionnel qui déclenche

---

11　D'autant que la femme provoque la panthère dans sa cage et en évite de justesse un coup de griffe.
12　Barbey d'Aurevilly, *Les Diaboliques*, p. 125.
13　Ibid., p. 262.
14　Dumas, *La Femme au collier de velours*, p. 83.

le récit. Cette ambivalence entre le connu et l'inconnu, entre l'habitude et le caractère extraordinaire, voire merveilleux, est du reste au cœur de la ritualité. Dans un dernier temps, c'est à la dimension sacrée du rite que je m'intéresserai, en examinant les enjeux sémantiques que revêt la ritualité des rencontres à l'origine du récit.

## Ritualité des rencontres et expériences du sacré : le merveilleux du récit

Dans les œuvres qui nous occupent, la première sphère du sacré est d'abord la petite communauté de convives et d'amis réunis à une fréquence donnée. Chez Dumas, il s'agit d'amateurs et d'artistes de tous bords mais partageant tous le culte de l'art, selon un credo romantique dont Nodier a été l'avant-coureur puis le protecteur. Dumas les évoque avec nostalgie dans sa nouvelle,[15] et *La Femme au collier de velours*, on l'a déjà suggéré, est une entreprise de résurrection : il s'agit de redonner vie à Nodier lui-même, mais aussi à tout le petit monde d'artistes idéalistes dont il était le centre et, parmi eux, à Dumas, mais tel qu'il était jeune et que s'en souvient, avec mélancolie, le Dumas vieillissant. Dans *François le Champi*, il s'agit d'une communauté paysanne dont les mœurs, les croyances, les valeurs, sont menacées de disparition, en cette ère d'urbanisation et d'industrialisation ; il s'agit là aussi pour Sand de préserver cet univers et ses légendes, comme le suggère aussi clairement la préface de *La Petite Fadette* (rédigée en septembre 1848). Chez Barbey d'Aurevilly, au contraire, la petite communauté qu'il entend préserver, dans le conservatoire de sa littérature, n'a rien de populaire ; c'est une élite de nobles de province, fiers de leurs privilèges et fidèles aux valeurs de l'Ancien Régime, bien qu'ils le sachent désormais révolu.[16] Chez Maupassant enfin, les gentilshommes campagnards qui se réunissent après la chasse partagent tous, évidemment, la passion cynégétique, mais aussi un tour d'esprit fait de gaieté paillarde et de sensibilité à la poésie de la campagne et de l'« humble réalité ». Dans tous les cas, les récits-cadres ressuscitent une petite communauté (parfois archaïque) soudée par les rites qu'elle reproduit à chaque rencontre, avec une fidélité quasi religieuse.

Parmi ces rites, on peut bien sûr citer l'ordonnance du dîner ou diverses pratiques qui le caractérisent, mais le rite essentiel est en fait celui consistant à raconter

---

15  Comme par ailleurs dans ses *Mémoires*, publiés au début des années 1850.

16  Ce sont « ces patriciens distraits dans la forteresse de leurs hôtels, qui ne s'ouvraient qu'à leurs égaux, et pour qui la vie finissait à la limite de leur caste. » (Barbey d'Aurevilly, *Les Diaboliques*, p. 188).

ou écouter un récit, et c'est la deuxième sphère connotée de sacré. L'art de causer et de conter, avec éloquence et raffinement, est la marque même des convives qui se réunissent dans Les Diaboliques ; c'est la condition *sine qua non* pour faire partie de la petite confrérie qui se retrouve périodiquement dans tel ou tel salon de la noblesse. Le récit est la principale cérémonie à laquelle se livrent les membres du groupe, il est à la fois la preuve réitérée qu'on y a sa place et la célébration du mystère qui les unit, soit celui du plaisir, ancestral, qui naît de la rhétorique et de la mise en fiction.

Le sacré, cependant, ne se réduit pas à un art formaliste de la narration. Les histoires rapportées le sont certes avec un art savant, mais elles poursuivent aussi un mystère extérieur à la narration, mystère qui gît dans la réalité ; et celle-ci me semble bien la dernière sphère dans laquelle nos récits, nés de rencontres rituelles, cherchent encore une part de sacré. Les formes en sont bien différentes selon l'auteur abordé : chez Dumas, l'histoire fantastique de *La Femme au collier de velours* interroge les frontières entre la vie et la mort, en rapportant le cas d'une femme, décapitée au moment de la Terreur, qui se maintient en vie plusieurs heures après avoir eu le cou tranché. Chez Barbey d'Aurevilly, différents mystères sont mis au jour par les nouvelles, comme l'amour clandestin de la comtesse de Tremblay et de Marmor de Karkoël, dans *Le Dessous de cartes d'une partie de whist*. Au-delà des secrets mondains, c'est toujours la question du surnaturel qui préoccupe Barbey, et celle de la façon dont le Diable, au moyen de leurs passions, s'empare du cœur des hommes – et plus encore des femmes ! Chez Maupassant enfin, pas de surnaturel à proprement parler ni de métaphysique, mais les traces de ceux-ci sous toutes les formes d'insolite que revêt la réalité (dans *La Folle*, *Menuet*…), ainsi que « certaines choses entr'aperçues, devinées, certains chagrins secrets, certaines perfidies du sort, qui remuent en nous tout un monde douloureux de pensées »[17].

Significativement, dans nos textes, les narrateurs sont souvent décrits comme des observateurs[18] ou des enquêteurs, figures qui mettent l'accent sur les enjeux herméneutiques du récit et sur le mystère qu'il poursuit, mystère dont la révélation complète peut être indéfiniment différée, comme dans *Le Dessous de cartes d'une partie de whist* de Barbey d'Aurevilly, où les mobiles des deux protagonistes restent à jamais cachés. Mais peu importe au fond que le secret demeure, l'important est qu'une petite communauté d'auditeurs et de lecteurs se soit, sur

---

17  Maupassant, « Menuet », dans : Id., *Contes de la Bécasse*, p. 457.
18  Cf. par exemple Barbey d'Aurevilly, « Le Bonheur dans le crime », dans : Id., *Les Diaboliques*, p. 145.

les traces du mystère, constituée en société secrète le temps de cette enquête ! L'art suprême, affirme Barbey, celui des maîtres conteurs, consiste ainsi surtout à « bien cacher »[19], et « tout le mérite [d'une] histoire [est] dans [la] manière de la raconter »[20].

\*\*\*

Pour conclure, il serait tentant de relier la fonction narrative matricielle de la rencontre rituelle à l'esthétique de la nouvelle : déclenchant et accréditant les récits, les rencontres décrites ci-dessus offrent un dispositif efficace d'enchâssement et de mise en série de récits variés. La petite société secrète en laquelle se constituent le conteur et ses auditeurs le temps du récit offre par ailleurs un cadre propice à l'exploration du mystère, voire à des formes de surnaturel qui se réfugient volontiers dans les récits brefs, à une époque (la deuxième moitié du XIX$^e$ siècle) où le merveilleux tend à déserter le roman, entré dans l'ère réaliste. Pourtant, il serait réducteur de corréler la productivité des rencontres rituelles avec le seul genre de la nouvelle ou du conte, comme le montre la présence dans mon corpus du roman de George Sand. Si je reviens à celui-ci, je dirais que le dispositif initial a finalement deux principaux enjeux : d'une part, forger à travers l'évocation initiale de la promenade et de la veillée rustique la figure d'un public idéal, qui mêlerait autour d'un même récit citadins et paysans, gens du peuple et gens du monde ; d'autre part, le merveilleux, dans *François le Champi*, tend à se déporter au récit lui-même et à l'univers, idyllique, qu'il permet de bâtir et de faire partager. La romancière écrit ainsi dans l'avant-propos : « moi [je] cherche par quel rapport l'art, sans cesser d'être l'art pour tous, peut entrer dans le mystère de la simplicité primitive, et communiquer à l'esprit le charme répandu dans la nature ».[21] Dans la littérature de la deuxième moitié du XIX$^e$ siècle, la prégnance de la rencontre rituelle comme source et cadre du récit me paraît donc avant tout révéler le désir de maintenir en vie ou de réinventer l'enchantement du monde et la quête de sacré, fût-ce en sacralisant l'acte de raconter lui-même – et la littérature.

---

19  Barbey d'Aurevilly, « Le Dessous de cartes… », dans : Id., *Les Diaboliques*, p. 215.
20  Ibid., p. 224.
21  Sand, *François le Champi*, p. 33.

# Bibliographie

Barbey d'Aurevilly, Jules, *Les Diaboliques*, Jacques Petit (éd.), Paris : Gallimard 2003.

Dumas, Alexandre, *La Femme au collier de velours*, Anne-Marie Callet-Bianco (éd.), Paris : Gallimard 2006.

Laisney, Vincent, *L'Arsenal romantique. Le salon de Charles Nodier (1824–1834)*, Paris : Honoré Champion 2002.

Maupassant, Guy de, *Contes de la Bécasse*, Paris : Robert Laffont 1988.

Sand, George, *François le Champi*, Paris : Librairie Générale Française 1999.

Sand, George, « Préface de l'édition originale [1849] », dans : Id., *La Petite Fadette*, Paris : Gallimard 2004, p. 245–251.

Karin Schulz

# L'enjeu des *mouvements tranquilles*.
# La ritualité des rencontres dans
# *Eugénie Grandet* de Balzac

**Abstract:** Between occurrence and recurrence of encounters, Balzac's novel *Eugénie Grandet* is characterized by a special narrative rituality and dialectic pattern of literary representation. The article exemplarily elaborates this narrative potential, showing how the author reinforces a critical reflection of sociocultural conditions of the 19th century.

Il se trouve dans certaines villes de province des maisons dont la vue inspire une mélancolie égale à celle que provoquent les cloîtres les plus sombres, les landes les plus ternes ou les ruines les plus tristes. Peut-être y a-t-il à la fois dans ces maisons et le silence du cloître et l'aridité des landes et les ossements des ruines : la vie et le mouvement y sont si tranquilles qu'un étranger les croirait inhabitées, s'il ne rencontrait tout à coup le regard pâle et froid d'une personne immobile dont la figure à demi monastique dépasse l'appui de la croisée, au bruit d'un pas inconnu.[1]

C'est par une rencontre habituelle ainsi qu'événementielle que le lecteur entre dans le roman *Eugénie Grandet.*[2] Balzac choisit une introduction générale qui joue avec les expériences visuelles du lecteur en ne décrivant qu'un village générique.[3] La manière vague dont la première phrase est formulée donne un accès ouvert au contexte et évoque une sensation ordinaire qui est inspirée par la vue panoramique de ce village provincial. L'énumération complémentaire des impressions champêtres[4] renforce l'atmosphère introductoire comme une rencontre

---

1 Honoré de Balzac, « Eugénie Grandet », dans : Id., *La Comédie humaine III. Études de mœurs : scènes de la vie privée, scènes de la vie de province*, Pierre-Georges Castex (éd.), Paris : Gallimard, p. 989–1199, ici : p. 1027. Cette référence est abrégée EG.

2 Le roman paru pour la première fois en 1833 fait partie des *Scènes de la vie de province* de la *Comédie humaine*.

3 Le nom du village (Saumur) où se passent les événements n'est introduit que dans la troisième phrase. Au début, le texte ne mentionne que de manière assez générale *certaines villes de province* (cf. EG 1027).

4 L'impression est comparée à celle des *cloîtres, landes* et *ruines*. La répétition de ces substantifs accentue l'image de ce tableau de village décrit comme solitaire, abandonné et rural.

familière.[5] Par ailleurs, cette harmonie est soudainement perturbée par l'apparition d'une personne à la fenêtre d'un des bâtiments qui semblent à première vue abandonnés. Le lecteur suit la perspective interne d'un étranger surpris par ce contact inattendu.[6] L'habitude contextuelle souligne la particularité de cette rencontre brusque ; ainsi que la singularité de l'apparition confirme, dans le sens inverse, l'état de monotonie et d'uniformité de la vie rurale.[7] Les deux modes narratifs de rencontre introductoire, habituelle ainsi qu'événementielle, se conditionnent réciproquement et font ainsi progresser la narration : ils rapprochent le lecteur du contexte, de l'ambiance et des événements de l'histoire.

L'analyse présente poursuit cette dualité des caractères de rencontre chez Balzac comme un *sujet* selon Lotman,[8] un événement textuel, qui est propre à l'évolution narrative d'*Eugénie Grandet*. En m'appuyant sur des passages choisis, je m'intéresse à l'enjeu de l'uniformité des rencontres, ou pour reprendre les mots de Balzac à l'enjeu des *mouvements tranquilles*. Les modes de représentation littéraire des rencontres entre occurrence et récurrence montrent ainsi une ritualité structurelle qui est propre à la narration et au raisonnement du

---

5    L'impression d'une rencontre familière est également renforcée par le principe narratif du *réalisme* qui caractérise les romans balzaciens. Un narrateur omniprésent et omniscient partage sa connaissance approfondie pour rapprocher le lecteur progressivement de l'histoire. En d'autres termes, le contexte spécifique des événements racontés se déduit de la richesse d'expériences générales du narrateur. Etant donné qu'il invoque une image détaillée et précise par sa manière de présenter les lieux et les personnes, l'abondance des choses et l'exactitude du monde fictif provoque un effet de réel particulier qui suggère la familiarité du lecteur avec le sujet raconté. Pour le principe d'un *effet de réel* cf. Roland Barthes, « L'effet de réel », dans : Id., *Roland Barthes. Œuvres complètes Tome II 1966–1973*, Éric Marty (éd.), Paris : Seuil 1994, p. 479–484.

6    Il se manifeste un jeu avec les expériences du lecteur en ce qui concerne les modes divers de rencontre. Le narrateur s'adresse au lecteur avisé, un *lecteur implicite* selon Wolfgang Iser qui reconnaît toutes les conditions ainsi que les effets, soient-ils événementiels ou soient-ils habituels. Concernant la conception du *lecteur implicite* cf. et al. Wolfgang Iser, *Der Akt des Lesens. Theorie ästhetischer Wirkung*, München : Fink [2]1976, p. 60s. L'analyse montre à quel point la dialectique des modes divers de rencontres (événementielles ou habituelles) provoque le *lecteur implicite* selon Iser et stimule une / sa reconnaissance des conditions de la réalité sociale.

7    Face à la monotonie du village, la soudaineté de l'apparition pourrait également être itérative. Dans le contexte présent de l'introduction romanesque prédomine pourtant son effet événementiel.

8    Cf. Jurij M. Lotman, *Die Struktur literarischer Texte*, Rolf-Dietrich Keil (trad.), München : Fink [4]1993, p. 332.

roman. L'analyse de la ritualité des rencontres chez Balzac dans le contexte de la représentation littéraire se base sur le caractère dynamique des deux conceptions socio-culturelles – du rituel aussi bien que de la rencontre. Tandis qu'un processus rituel indique un mouvement de répétition et de monotonie, une rencontre se caractérise par des processus d'occurrence et d'événement. Le rapport dialectique du rituel et de la rencontre sur le plan narratif ainsi que sémantique produit une énergie catalytique que Balzac a reconnue et instrumentalisée de manière singulière pour ses modes de représentation littéraire.

## I.

*Sombre, terne et triste* – par ces qualités, le narrateur décrit et résume l'ambiance mélancolique que le lecteur rencontre au début de sa lecture. La mélancolie constitue une monotonie de tristesse qui peut atteindre une forme extrême de désespoir ou aussi de désir de mort ce qui est indiqué par les aspects d'obscurité visuelle et par le paysage sans vie.[9] La solitude et le silence renforcent le vide sentimental qui caractérise ces villages provinciaux.

L'invocation s'oppose au quelconque plaisir supposé de l'idylle de nature ou de désert. Alors que le je romantique peut traditionnellement trouver une stimulation dans l'isolement et la solitude d'un environnement naturel, cette expérience subjective est impossible dans le présent contexte étant donné que la sensation objective de mélancolie prédomine.[10] L'uniformité de la description suggère des expériences tristes qui se répètent incessamment. Le fait que le lecteur est encouragé par l'introduction de se souvenir intentionnellement de ce genre de routine affective souligne à quel point la mélancolie est familière. Les *villes de province* se distinguent par leurs propres règles sentimentales ; un

---

9    « [L]a vue inspire une mélancolie égale à celle que provoquent les cloîtres les plus sombres, les landes les plus ternes ou les ruines les plus tristes. Peut-être y a-t-il à la fois dans ces maisons et le silence du cloître et l'aridité des landes et les ossements des ruines » (EG 1027). Tandis que le champ sémantique d'une obscurité visuelle est indiqué par des adjectifs, le manque de vie est décrit par des substantifs qui illustrent des processus de décomposition. L'interaction syntaxique des substantifs et adjectifs complémentaires crée une profondeur sémantique invoquant une ambiance mélancolique.

10   Cet objectivisme manifeste ainsi également le *réalisme* des romans balzacien (voir la note de bas de page 5) contrastant la tradition esthétique romantique en faveur d'une représentation réaliste. Pour la dialectique productive entre le *romantisme* et le *réalisme* cf. et al. Rainer Warning, *Die Phantasie der Realisten*, München : Fink 1999, p. 33.

phénomène qui se reproduit dans la rencontre visuelle traduit dans le tableau de village esquissé par l'auteur.

La ritualité se manifeste comme principe descriptif et abstraction structurelle de l'ambiance liminaire. Par la profondeur et complexité sémantique de la tranquillité mélancolique, le narrateur crée une expérience d'itération dont il se sert pour sa narration introductoire : le lecteur est attiré par l'atmosphère qu'il connaît par l'habitude visuelle. Mais ce n'est qu'une rencontre intersubjective qui se passe par la suite qui rapproche davantage le lecteur de l'histoire. La personne qui apparaît de manière inattendue à la fenêtre perturbe ainsi la régularité de l'environnement.[11] Le village, qui jusqu'à ce moment semblait abandonné, est d'un coup animé et remplit de vie par le fait que l'étranger rencontre le regard de la personne se tenant à la fenêtre. Pour un moment, l'intersubjectivité visuelle l'emporte sur l'ambiance triste. Les regards qui se croisent indiquent un mouvement qui fait oublier la monotonie mélancolique. Bien que le caractère « pâle et froid » (EG 1027) du regard rappelle l'environnement morne dont la personne fait partie, c'est la singularité du moment visuel qui est au premier plan.

L'apparition de la personne est littéralement *mise en scène* : « [L]'appui de la croisée » (EG 1027) dépassée par la personne crée une sorte de cadre pictural. Le fait que la personne reste immobile en se tenant à la fenêtre renforce cette impression. Le moment particulier semble fixé dans un instantané. Ce mode de représentation souligne encore une fois la singularité de l'expérience, la rencontre inattendue des regards individuels. Même si la perspective interne de l'étranger domine la narration,[12] le narrateur indique que c'est également la personne à la fenêtre qui est surprise par l'apparition de l'étranger. Apparemment, c'est le bruit de son pas qui initie la rencontre en provoquant la personne à apparaître à la fenêtre.[13] Positionné à la fin de la phrase, le groupe prépositionnel final (« le bruit d'un pas inconnu » (EG 1027)) constitue le point culminant de cette introduction en affrontant encore une fois les sémantiques des deux modes de rencontre. D'un côté, le mot seul de *bruit* contraste la description précédente du calme.[14]

---

11  Cf. EG 1027.

12  Voir l'analyse introductoire.

13  Bien que le narrateur ne le spécifie pas directement, le contexte indique qu'il devrait s'agir du pas de l'étranger. Cela est renforcé par l'affinité sémantique entre les mots « étranger » et « inconnu ».

14  La comparaison avec *le silence d'un cloître* exemplifie l'ambiance de calme comme une expérience de l'isolement.

« La sensation auditive produite par des vibrations irrégulières »[15] accentue le mouvement actif de la rencontre ce qui va à l'encontre de l'ambiance de mélancolie généralisée. Le bruit, considéré comme une activité, coupe la passivité et monotonie d'ambiance. De l'autre, la qualité d'*inconnu* rompt directement avec cette ritualité sentimentale connue pour y introduire une nouvelle expérience, celle de l'étrange.

Malgré le contact visuel, les deux individus restent inconnus l'un à l'autre. Bien que « la figure à demi monastique » (EG 1027) donne l'impression que la personne y mène volontairement une vie cachée et solitaire, conditionnée par l'environnement, la description personnelle reste pourtant indéterminée et équivaut donc celle de l'étranger.

La qualité d'*inconnu* résume parfaitement l'effet de l'introduction. Quoique le lecteur entre par une rencontre habituelle dans le roman, il reste pourtant dans l'incertitude par rapport à la suite des événements. La narration ne concrétise pas la rencontre entre l'étranger et la personne à la fenêtre. Le fait qu'elle prend une fin qu'on pourrait qualifier de brusque, confirme le principe narratif qui porte et stimule l'affrontement sémantique entre rencontre habituelle et événementielle. Le lecteur curieux est incité à découvrir la réponse à cet enjeu en poursuivant sa lecture.

## II.

La rencontre la plus importante et décisive pour l'évolution de l'histoire et le destin de la protagoniste, Eugénie, survient au tout début du roman, le jour de son 23e anniversaire :

> En 1819, vers le commencement de la soirée, au milieu du mois de novembre, la grande Nanon alluma du feu pour la première fois. L'automne avait été très beau. Ce jour était un jour de fête bien connu des Cruchotins et des Grassinistes. Ainsi les six antagonistes se préparaient-ils à venir armés de toutes pièces, pour se rencontrer dans la salle et s'y surpasser en preuves d'amitiés. (EG 1044)

Chaque année, les villageois se rassemblent à l'occasion de l'anniversaire d'Eugénie. Il s'agit d'un rituel[16] qui fait naturellement partie des habitudes de la société

---

15  *Le Nouveau Petit Robert*, Josette Rey-Debove / Alain Rey (éds.), Paris : Dictionnaires Le Robert 2004, p. 310.

16  Les processus réguliers par lesquels la famille célèbre le jour de fête en honneur d'Eugénie montre une tradition propre qui s'oriente à l'offre des cadeaux. Par exemple, « [l]e matin, M. Grandet, suivant sa coutume pour les jours mémorables de la naissance et de la fête d'Eugénie, était venu la surprendre au lit, et lui avait

villageoise. Le soir, les habitants arrivent à temps pour féliciter Eugénie. Il est parlant que l'événement du jour, l'anniversaire, n'est pas indiqué au début de ce passage. Ce n'est qu'ultérieurement quand les quotidiennetés sont décrites que la signification particulière de ce *jour de fête* est évoquée de manière quasi fortuite.[17] L'événement de l'anniversaire est sujet aux routines des invités qui ne s'intéressent qu'à obtenir la reconnaissance et la faveur du père Grandet[18] et à se profiler en vue d'un mariage possible avec sa seule fille et héritière Eugénie.[19] Ces intentions égoïstes communes sont mises en évidence renforcées par la structure syntaxique : L'infinitif *se rencontrer* n'a qu'une position subordonnée à celle de l'action « pour s'y surpasser en preuves d'amitiés » (EG 1044) par laquelle la phrase culmine. La sémantique de lutte utilisée par le narrateur indique leur volonté forte et immuable avec laquelle ils poursuivent leurs efforts.[20] La réunion

---

solennellement offert son présent paternel, consistant, depuis treize années, en une curieuse pièce d'or. » (EG 1045). Etant donné qu'il ne l'offre pas de façon altruiste, mais qu'il désire de le revoir de temps en temps pour savoir son trésor en sécurité, caractérise la coutume comme un rite cérémoniel d'un sacrifice. Comme lui, les autres invités espèrent de tirer profit de leurs présents.

17  « Le matin tout Saumur avait vu Mme et Mlle Grandet, accompagnées de Nanon, se rendant à l'église paroissiale pour y entendre la messe, et chacun se souvint que ce jour était l'anniversaire de la naissance de Mlle Eugénie. » (EG 1044). L'événement du jour n'est indiqué que dans la deuxième partie de la phrase et dépend de la circonstance que les femmes se rendent à l'église, sans laquelle personne ne se souviendrait de l'anniversaire.

18  Le narrateur aborde d'une manière ouverte les intentions égoïstes en présentant les protagonistes avant d'entrer dans l'histoire, au début du roman. Cf. EG 1030–1044. Ainsi le lecteur connaît le contexte et les conditions qui déterminent toutes les interactions sociales, c'est-à-dire la richesse de M. Grandet. « Il n'y avait dans Saumur personne qui ne fût persuadé que M. Grandet n'eût un trésor particulier, une cachette pleine de louis, et ne se donnât nuitamment les ineffables jouissances que procure la vue d'une grande masse d'or. » (EG 1032). Tandis que tout le village connaît la richesse de M. Grandet, il la cache devant sa femme, sa fille et sa ménagère. L'avarice et la cupidité motivent toutes les actions à l'exception de celles des trois femmes chez les Grandets.

19  « [Le] combat secret entre les Cruchot et les des Grassins, dont le prix était la main d'Eugénie Grandet, occupait passionnément les diverses sociétés de Saumur. » (EG 1037).

20  « [L]es six antagonistes se préparaient-ils à venir armés de toutes pièces » (EG 1044). La visite chez les Grandets à l'occasion de l'anniversaire ressemble à un départ à la guerre. L'affrontement n'est pas seulement indiqué par le participe *armé*, mais la dualité des visiteurs est renforcée par le fait qu'ils ne sont que nommés des adversaires.

mondaine à l'occasion de la fête est le lieu des confrontations entres les individus dont chacun a ses ambitions. Le narrateur raconte en détail les 'beaux' gestes de félicitations, les dénonce comme étant hypocrites, et dévalorise ainsi la valeur des cadeaux qu'Eugénie reçoit.[21] Dans la quantité des choses offertes, il met en scène la solitude de la protagoniste, innocente, qui ne reconnaît pas encore la prédominance du vide sentimental autour d'elle.

Le plaisir et la joie de la fête semblent s'assombrir et disparaître face aux intentions unilatérales qui dominent toutes les interactions sociales de la journée. Cette ritualité d'ambiance rappelle la routine triste illustrée par l'introduction. L'ambiance mélancolique s'exprime dans la monotonie et routine des félicitations malhonnêtes. Pourtant, la mélancolie qui sous-tend la ritualité de ces rencontres ne devient évidente qu'au moment où une rencontre événementielle bouleverse la soirée de fête.

Comme au début du roman, deux rencontres de nature différentes se produisent et sont confrontées. L'événement est également annoncé par un bruit insolite :[22]

> [U]n coup de marteau retentit à la porte de la maison, et y fit un si grand tapage que les femmes sautèrent sur leurs chaises.
> « Ce n'est pas un homme de Saumur qui frappe ainsi, dit le notaire.
> – Peut-on cogner comme ça, dit Nanon. Veulent-ils casser notre porte ?
> – Quel diable est-ce ? » s'écria Grandet.
> Nanon prit une des deux chandelles, et alla ouvrir accompagnée de Grandet.
> (EG 1053)

Le lecteur écoute la conversation des protagonistes[23] et vit avec eux leur expérience commune : la surprise provoquée par le bruit. Le choix du terme indéfini, *tapage*, souligne qu'il est totalement inattendu et inconnu pour tous

---

21  Il se manifeste une véritable concurrence entre les Cruchot et les des Grassins concernant l'offre des cadeaux que le narrateur souligne d'être *fort rares* et magnifiques. Cf. EG 1048, 1050. En indiquant ouvertement que l'offre des cadeaux est pour eux un acte de *faire la cour* à la jeune fille (cf. et al. EG 1048), il devient évident que bien les Cruchot que les des Grassins n'attendent que d'augmenter leur faveur et tente de s'approcher à leur but de se marier avec l'héritière. La situation culmine dans la remarque du narrateur : « Les trois Cruchot restèrent stupéfaits en voyant le regard joyeux et animé lancé sur Adolphe des Grassins par l'héritière à qui de semblables richesses parurent inouïes. » (EG 1051). Le fait que la donataire n'est que nommée comme *héritière*, renforce le caractère impersonnel des offres.

22  Cf. EG 1027.

23  Le discours direct présente un parallélisme chaotique des énonciations qui imitent et doublent le bruit de tapage.

les participants dans ce contexte. Le nombre et les personnes invitées au salon des Grandets sont déterminés par l'habitude. Cette restriction est évoquée au début de la narration. « Six habitants seulement avaient le droit de venir dans cette maison. » (EG 1036). Le coup à la porte qui annonce une personne de plus ne répond pas aux normes sociales. La surprise commune se manifeste par un changement des activités habituellement uniformes des invités. Ils sont en train de jouer *leur loto*[24] en étant assis à table quand le battement les interrompt. Les actes définis par les règles du jeu sont perturbées ; l'harmonie des mouvements de jeu se transforme brusquement en un chaos : « les femmes sautèrent sur leurs chaises » (EG 1053). L'interruption des actions habituelles est marquée par le changement de direction des mouvements sur un plan vertical.[25]

> Grandet rentra [...] ; il était suivi du voyageur, qui depuis quelques instants excitait tant de curiosités et préoccupait si vivement les imaginations, que son arrivée en ce logis et sa chute au milieu de ce monde peut être comparée à celle d'un colimaçon dans une ruche, ou à l'introduction d'un paon dans quelques obscure basse-cour de village. (EG 1054)

L'effet perturbant des mouvements confus se manifeste en plus sur le plan des vives activités mentales des participants curieux qui essaient d'obtenir plus d'informations sur l'étranger et l'occasion de son arrivée. Les comparaisons que le narrateur choisit pour décrire l'impact de Charles (« d'un colimaçon dans une ruche, ou à l'introduction d'un paon dans quelques obscure basse-cour » (EG 1054)) illustrent encore une fois le choc de l'apparition inattendue ainsi qu'elles soulignent le caractère étranger de l'arrivant qui se distingue d'une manière frappante des villageois rassemblés.[26] Leur supposition se confirme ensuite par

---

24  C'est l'annonciation de M. Grandet qui relève l'habitude de jouer, en particulier le jour de l'anniversaire : « – Puisque c'est la fête d'Eugénie, faites votre loto général, dit le père Grandet » (EG 1051). Le pronom possessif *votre* indiquant qu'il n'y participe pas, souligne la coutume de jeu.

25  Ainsi il faut constater que les rencontres habituelles à l'occasion de l'anniversaire se caractérisent par des mouvements horizontaux en particulier par le verbe *venir*. Cf. et al. EG 1044 ou aussi la citation au début de ce chapitre.

26  « M. Charles Grandet, beau jeune homme de vingt-deux ans, produisait en ce moment un singulier contraste avec les bons provinciaux » (EG 1055). En décrivant en détail le bagage luxueux de Charles, le narrateur reprend une focalisation interne de la perspective des villageois impressionnés par les choses matérielles indiquant une richesse. Cf. EG 1056.

l'information qu'il vient de Paris.[27] Il s'agit du neveu du père Grandet, Charles, séjournant pour la première fois au village de Saumur.

Contrairement au scepticisme courtois des autres,[28] Eugénie est impressionnée et excitée par l'apparition de Charles :

> Avant de s'asseoir, le jeune étranger salua très gracieusement l'assemblée. […]
> « Vous avez sans doute froid, monsieur, dit Mme Grandet, vous arrivez peut-être de…
> – Voilà bien les femmes ! dit le vieux vigneron en quittant la lecture d'une lettre qu'il tenait à la main, laissez donc monsieur se reposer.
> – Mais, mon père, monsieur a peut-être besoin de quelque chose, dit Eugénie.
> (EG 1054)

C'est une expérience particulière de rencontre qu'elle n'a pas encore connue. Si elle s'était retenue jusque-là, ne participant pas à la conversation,[29] Eugénie prend finalement la parole. Elle se laisse trainer par ses émotions au point où elle oublie complètement ses bonnes manières et sa prudence. Au lieu de poursuivre les instructions de son père et laisser Charles se reposer tranquillement, Eugénie rétorque vivement qu'elle voudrait s'enquérir des besoins du jeune homme. Alors que sa mère s'est interrompt elle-même lorsqu'elle pose sa question,[30] Eugénie se présente de manière résolue, précise et sûre de soi.[31] La conjonction *mais* au début de la phrase témoigne de son caractère fort qui lui fait répondre qu'elle ne partage pas l'avis de son père. D'une manière impulsive et enthousiaste, elle rompt avec le comportement général et habituel de son contexte, c'est-à-dire avec les ambitions égoïstes qui se concentrent sur le profit unilatéral, le prestige et l'argent. Eugénie

---

27 L'arrivée de Charles montre un sujet central et récurrent de la *Comédie humaine* : l'opposition de la vie urbaine et rurale.

28 Mme des Grassins est la première à demander d'où il vient, pas pour être courtois, mais pour vérifier avant tout son hypothèse. Cf. et al. EG 1055. Le fait que Charles n'est pas introduit officiellement par son oncle (ce n'est que par le dialogue entre Charles et Eugénie que le lecteur apprend que Charles est le cousin d'Eugénie, cf. EG 1055) renforce l'impression d'une sceptique générale envers l'arrivant dont ils ne savent pas trop de choses et qui pourrait mettre en danger leur position favorable chez les Grandets.

29 L'arrivée de Charles est le premier moment où la protagoniste centrale, Eugénie, autour de laquelle devrait se situer l'action du jour, entre en action. Jusque-là, ce sont généralement soit le narrateur, soit les autres personnes, en particulier le père Grandet qui prennent la parole au lieu de laisser répondre Eugénie.

30 Mme Grandet s'arrête au beau milieu de sa phrase à cause de la réplique stricte de son mari.

31 Contrairement à la sémantique mélancolique, Eugénie y montre une passion et joie active.

s'en détourne pour s'occuper des besoins d'un autre sans avoir d'arrière-pensée. Bien que l'on puisse supposer qu'elle ait tous les droits de donner la priorité à ses propres intérêts à l'occasion de son anniversaire, elle ne le fait pas. Si l'arrivée inattendue de Charles trouble momentanément la routine de tous les autres habitués, Eugénie, elle est animée par l'effet événementiel. La rencontre avec Charles est pour elle une expérience personnelle singulière qui suit les principes d'une relation interpersonnelle sincère et qui révèle ainsi la fausseté des routines et habitudes en les provoquant par son comportement naturel.

Bien que le narrateur juge et indique à plusieurs reprises les habitudes et routines dans la maison Grandet comme étant égoïstes,[32] elles ne sont connotées négativement qu'au moment où elles sont remises en question par les protagonistes. La rencontre événementielle qui bouleverse les *mouvements tranquilles*, rend leur monotonie évidente et manifeste la tristesse dans laquelle l'individu innocent et ignorant reste fatalement enfermé. L'expérience individuelle de rencontres événementielles contribue ainsi manifestement à l'évolution des caractères ainsi qu'à la progression narrative ; l'histoire se voit dynamisée par le fait que le destin de la protagoniste, Eugénie, prend une autre direction.[33]

## III.

En reprenant la définition du *sujet* selon Lotman,[34] on pourrait conclure que la confrontation des deux modes de rencontres manifeste un *sujet narratif* de telle sorte qu'un personnage, dans l'occurrence la protagoniste Eugénie, dépasse le champ sémantique normatif des principes sociaux et des modalités de rencontre. Ainsi deux conceptions normatives de l'intersubjectivité sont confrontées : celle de l'impulsion égoïste et celle de la sensation et l'empathie individuelle. Par cette opposition, Balzac stimule la réflexion de lecteur ; celui-ci est invité à repenser ses propres habitudes des actions égoïstes. À travers la récurrence des rencontres habituelles, il semble que Balzac crée une perspective extérieure comparable à celle du lecteur et à sa propre réalité sociale. Mais ce n'est que par le plan subjectif, quand la narration emprunte le regard des personnages pour décrire la

---

32  Cf. et al. la note de bas de page 18.

33  La rencontre événementielle avec Charles est pour Eugénie le moment où naît une sensation d'amour dont elle découvre la joie et la douleur.

34  « Ein Ereignis im Text ist die Versetzung einer Figur über die Grenze eines semantischen Feldes. » [La transmission d'une figure à travers la limite d'un champ sémantique constitue un événement textuel.] Lotman, *Die Struktur literarischer Texte*, p. 332.

rencontre événementielle, que Balzac fait comprendre qu'il faut agir soi-même pour se libérer de cette triste réalité.

Balzac reprend et renouvelle ainsi la tradition de la philosophie moraliste dont les œuvres littéraires formulent un diagnostic critique des interactions humaines.[35] L'habitude et la quotidienneté d'une réalité dominée et déterminée par les besoins de l'amour-propre individuel sont remises en question par la mise à l'écart de la protagoniste, Eugénie, qui montre que la réalisation d'une inter-subjectivité positive dépend de la responsabilité de l'individu. Bien qu'Eugénie ne réussisse finalement à s'opposer que partiellement à cette réalité sociale habi-tuelle orientée vers le prestige et de l'argent, elle la met pourtant en cause : c'est elle qui prend l'initiative et se comporte différemment.

Ainsi, la confrontation exemplaire de la rencontre habituelle et événemen-tielle du début du roman préfigure d'une manière générale le destin d'Eugénie. La représentation littéraire de l'apparition de la personne immobile à la fenêtre tel qu'un instantané rappelle d'un côté à quel point Eugénie est enfermée par l'habitude dans laquelle son environnement s'est enlisé. De l'autre côté, il faut ajouter – en tenant compte de la fin du roman – que c'est elle, qui, déçue par son amour insatisfait pour Charles et dans le respect des principes d'avarice de son père, se contente finalement de mener une vie *quasi monastique* en s'enfermant dans la régularité du quotidien.

Eugénie symbolise la résignation et stagnation typique de la société de l'époque de la Restauration. Le retrait dans l'isolement privé semble être la seule solution pour éviter la déception provoquée par les événements sociaux. Malgré toute tris-tesse et monotonie, cette solution nécessite cependant la volonté active de l'indivi-du. Rétrospectivement, l'accent introductoire sur l'apparition de la personne à la fenêtre invoque de manière emblématique le caractère fort et endurant d'Eugénie. Comme la personne apparaissant à la fenêtre détermine la perspective d'un étran-ger arrivant au village et ainsi la rencontre événementielle, Eugénie prédomine finalement les règles habituelles de son environnement en les choisissant.[36]

---

35  Les moralistes classiques défendent l'idée que l'homme n'est pas capable d'agir ou d'interagir selon les principes de la morale établie. Poussé par son amour-propre, l'homme ne peut que suivre ses propres intérêts et les satisfaire en continu. Les moralistes reprennent ainsi les idées religieuses du péché originel renouvelées au XVII<sup>e</sup> siècle par les jansénistes qui redécouvrent la doctrine de Saint Augustin selon laquelle l'homme ne peut qu'en être sauvé par la grâce de Dieu.

36  Rétrospectivement, on pourrait conclure que le moment pictural de l'apparition inattendue de la personne à la fenêtre expose le destin d'Eugénie et constitue une stylisation liminaire de la protagoniste.

La ritualité des rencontres chez Balzac et les processus divergents entre événement et habitude constituent un mode structurel représentatif qui aide à mettre en scène une collision typique pour ce temps entre occurrence et récurrence. En exemplifiant la vie de la protagoniste, Eugénie, Balzac réussit à initier une réflexion indirecte sur les conditions de la ritualité d'ambiance de son temps ainsi que l'effet perturbant des événements. La rencontre se montre comme sujet sémantique paradigmatique illustrant ces défis individuels. En indiquant l'idée d'une responsabilité et activité individuelle pour maîtriser les principes mélancoliques de la réalité sociale, Balzac pourrait être vu dans la continuité d'auteurs moralistes du XVIIIe siècle qui avaient initié, contrairement aux moralistes du XVIIe siècle, une compréhension positive de l'Homme, autonome à refléter son égoïsme.[37] Vu les conditions restrictives de son temps restaurateur, il semble que Balzac n'a pas pu réaliser ce dynamisme individuel sur le plan sémantique de son roman. La protagoniste, Eugénie, ne peut pas fuir son destin. C'est pourtant la dynamique structurelle des rencontres qui présente le potentiel de stimuler par sa ritualité et dialectique narrative une réflexion critique des conditions de l'époque.

## Bibliographie

Balzac, Honoré de, « Eugénie Grandet », dans : Id., *La Comédie humaine III. Études de mœurs : scènes de la vie privée, scènes de la vie de province*, Pierre-Georges Castex (éd.), Paris : Gallimard, p. 989–1199.

Barthes, Roland, « L'effet de réel », dans : Id., *Roland Barthes. Œuvres complètes Tome II 1966-1973*, Éric Marty (éd.), Paris : Seuil 1994, p. 479–484.

Iser, Wolfgang, *Der Akt des Lesens. Theorie ästhetischer Wirkung*, München : Fink ²1976.

*Le Nouveau Petit Robert*, Josette Rey-Debove / Alain Rey (éds.), Paris : Dictionnaires Le Robert 2004.

---

37 En ce qui concerne l'évolution des traditions ainsi que l'actualisation des idées moralistes au XVIIIe siècle voir entre autres les analyses de Stierle et Warning. Karlheinz Stierle, « Die Modernität der französischen Klassik. Negative Anthropologie und funktionaler Stil », dans : Fritz Nies / Karlheinz Stierle (éds.), *Französische Klassik. Theorie – Literatur – Malerei*, München : Wilhelm Fink Verlag 1985 (= Romanistisches Kolloquium, Bd. 3), p. 81–133, ici : p. 120. Rainer Warning, « Moral und Moralistik in der französischen Aufklärung », dans : *Romanistisches Jahrbuch* 49 (1998), p. 51–67.

LOTMAN, Jurij M., *Die Struktur literarischer Texte*, Rolf-Dietrich Keil (trad.), München : Fink ⁴1993.

STIERLE, Karlheinz, « Die Modernität der französischen Klassik. Negative Anthropologie und funktionaler Stil », dans : Fritz Nies / Karlheinz Stierle (éds.), *Französische Klassik. Theorie – Literatur – Malerei*, München : Wilhelm Fink Verlag 1985 (= Romanistisches Kolloquium, Bd. 3), p. 81–133.

WARNING, Rainer, « Moral und Moralistik in der französischen Aufklärung », dans : *Romanistisches Jahrbuch* 49 (1998), p. 51–67.

WARNING, Rainer, *Die Phantasie der Realisten*, München : Fink 1999.

Kirsten von Hagen

# Échange de biens et frénésie de dépenses : nouveaux espaces d'action économique dans les textes de Flaubert et Zola

**Abstract:** The aim of the article is to examine new areas of economic knowledge and action that emerged in 19th-century France, particularly in respect to the question of social mobility. It suggests that ritual can serve as a frame for interrogating how women were addressed as consumers when it came to the reorganization of flows of goods and capital.

L'objectif de cet article est d'examiner la mobilité sociale comme nouveau domaine de connaissance, notamment sous l'angle économique, tel qu'il a pu apparaître en France au XIXᵉ siècle. Il s'agit en particulier de s'interroger sur la place des femmes dans le circuit économique, alors que l'information en la matière fait encore souvent défaut. Elles sont en effet le plus souvent réduites à un rôle marginal d'acheteur(euse) dans la réorganisation des flux de biens et de capitaux, alors que leur rôle est bien plus important. En y regardant de plus près, il s'avère souvent qu'une telle représentation, qui place les hommes en position de détenteurs des connaissances économiques, et par conséquent, d'autorités uniques, est parfois compromise. Je voudrais montrer ceci plus en détail au travers de deux textes : *Madame Bovary* de Gustave Flaubert (1856) et *Au Bonheur des Dames* de Zola (1884). Le texte de Flaubert nous rappelle déjà les lieux d'échanges économiques émergents avec leurs formes ritualisées, la bourse et le grand magasin, mais les rencontres de l'héroïne du titre avec le marchand de tissus Lheureux se déroulent encore dans la sphère domestique, en l'occurrence dans la maison de la protagoniste. Cela souligne qu'il y a peu de variation et de marge de manœuvre ici. Les tentatives d'Emma Bovary de sortir du cadre *imposé par la société* pour ne pas rester enfermé dans un rôle social et économique sont constamment contrecarrées, à la différence de Zola où le grand magasin est lieu de toutes les rencontres et de toutes les négociations des connaissances économiques.

Le bouleversement qui se produit pendant les derniers trente ans du XIXᵉ siècle présente un intérêt particulier à ce titre. Avec la théorie économique néoclassique apparaissent des modèles de calcul algébrique. Au même temps le roman social se transforme en un champ d'expérience pour observer l'activité économique.

Un exemple qui illustre bien l'éducation économique par le roman est *Madame Bovary*, roman signé en 1856 par Flaubert.

La question de l'éducation économique des femmes est aujourd'hui toujours d'actualité comme en témoignent l'ouvrage de Bernard Maris dit que Michel Houellebecq a plus à dire sur les questions économiques actuelles telles que le chômage ou le comportement des consommateurs que les grands économistes[1] et quand on peut lire dans une étude récente sur l'économie et la littérature qu'il est temps de consulter la littérature sur les défis économiques de notre socié-té,[2] il semble intéressant d'examiner la question de l'éducation économique des femmes dans la littérature du xixe siècle. Au xixe siècle déjà sont parus plusieurs romans traitant des développements économiques de l'époque dans une société industrialisée et capitaliste. Ces deux exemples, Flaubert et Zola, permettront également d'expliquer sur la base de la théorie du genre comment se sont répan-dus les modes de pensée traditionnels selon lesquels les femmes sont toujours assignées à la sphère domestique, tandis que les hommes sont davantage associés à la pensée numérique et au monde du travail.

## Perte de contrôle et envie d'acheter – le cas d'Emma Bovary

Le roman de Flaubert, *Madame Bovary*, illustre l'échec de son personnage principal, Emma Bovary, qui a bénéficié d'une éducation monastique classique et qui, malgré le soutien scolaire qui lui prête sa belle-mère, montre son incapacité à penser en chiffres. Les scènes avec le marchand de tissus Lheureux sont particu-lièrement éloquentes à ce titre. Le marchand de tissus, qui promet déjà la bonne fortune avec le nom allusif « L'heureux », incite Emma à l'achat non seulement en vantant la qualité de sa marchandise et en promettant de la payer plus tard, mais aussi en spéculant sur le désir d'Emma d'échapper à l'étroitesse de la province et sur son besoin de reconnaissance sociale : La marchandise devient l'écran de projection des fantasmes d'Emma et le symbole de son ascension sociale. Par sa manière de vanter ses marchandises, le marchand de tissus séduit Emma qui achète de plus en plus de produits de luxe, et déclenche ainsi une véritable fréné-sie d'achat chez elle. Selon Gertrud Lehnert, l'imagination de l'acheteur fait des produits le symbole de désirs qui ne sont pas clairement articulés : « La rencontre avec la chose et la perte de contrôle momentanée provoquent un sentiment de

---

1   Bernard Maris, *Houellebecq Économiste*, Paris : Flammarion 2014.

2   Cf. François Vattin, « Introduction », dans : Pierre Bras / Claire Pignol (éds.), *Économie et littérature*, Paris : L'Harmattan 2016, p. 11–25, ici : p 16.

bonheur chez l'acheteur »³. Les marchandises sont chargées d'émotions. Les moments suivant l'achat sont d'une importance capitale : l'imagination de l'acheteur, qui projette ses fantasmes et ses désirs inarticulés sur les produits, la perte de contrôle, le moment d'ivresse et l'attitude de consommation. Il s'agit de moments que l'on peut également trouver dans les relations interpersonnelles entre les personnages du roman. Les scènes traitent notamment des transactions de troc entre acheteurs et vendeurs, telles qu'elles étaient coutume au xixᵉ, elles marquent de plus en plus l'activité économique de la bourgeoisie en plein essor. Les rencontres ritualisées entre Emma et le vendeur, Lheureux, qui présente ses produits chez elle, indiquent également un changement dans la relation acheteur-vendeur de celle qui prévaut dans les villes du xixᵉ siècle. Si autrefois l'activité économique se caractérisait notamment par des actions individualisées, donc le déplacement du vendeur chez l'acheteur, c'est maintenant de plus en plus l'objet de la marchandise qui occupe le rôle central. Lorsque l'acheteur y projette ses désirs et ses fantasmes, la marchandise gagne en valeur. Cette augmentation en valeur est encouragée par le vendeur qui met en avant les atouts de sa marchandise. La rencontre, qui anticipe le troc dans des contextes plus grands et de plus en plus anonymes, comme dans le grand magasin, représenté surtout par Zola, devient de plus en plus ritualisée. Le rituel est compris ici comme une « expression culturelle » dont le but est d'affirmer des ordres sociaux et culturels.⁴ Sur le plan formel, le rituel devient fonctionnel par la répétition standardisée des actions ; sur le plan de la fonction, le rituel résulte du pathos dramatique qui permet de gérer les conflits sociaux et définit un cadre d'action pour les acteurs appartenant à la communauté en question – celle des acheteurs en mesure d'acquérir un bien.

Là aussi, le rituel se situe dans une position intermédiaire entre la planification et la mise en scène d'une part, et l'élan de l'autre :

> [Rituale] werden einerseits geplant, initiiert, inszeniert und ausgeübt, andererseits vollziehen sie sich quasi von selbst, schreiben den Beteiligten ihre Handlungen weitgehend vor, und sie entfalten ihre Kraft umso effizienter, je undurchschauter ihre Wirkungsweise für die an ihnen Beteiligten bleibt. [D'une part, les rituels sont planifiés, initiés, mis en scène et exercés, d'autre part, ils se réalisent presque d'eux-mêmes et dictent largement

---

3   Gertrud Lehnert, « Kaufrausch », dans : Clemens Risi / Jens Roselt (éds.), *Koordination der Leidenschaft. Kulturelle Aufführungen von Gefühlen*, Berlin : Theater der Zeit 2009, p. 254–266, ici : p. 255.

4   Michael Wimmer / Alfred Schäfer, « Einleitung : Zur Aktualität des Ritualbegriffs », dans : Id. (éds.), *Rituale und Ritualisierungen*, Opladen : Leske + Budrich 1998, p. 9–48, ici : p. 12.

leurs actions aux participants ; et ils déploient leur puissance d'autant plus efficacement plus leur mode de fonctionnement reste incompréhensible pour ceux qui y participent.][5]

Le marchand Lheureux, qui accorde à Madame Bovary un prêt pour l'inciter à une frénésie d'achat incontrôlable, laisse pressentir – tout comme les nombreux personnages de Balzac – la fin de la tradition du libéralisme utopique façonné par Adam Smith et Jean Baptiste Say.[6] Les deux penseurs économiques qui étaient primordiaux pour permettre aux élites de définir leur rôle économique de la monarchie de Juillet supposent que le tissu social créé par l'interaction de concurrents est capable de garantir l'harmonie et la prospérité. Flaubert pointe plus tard que Balzac les inconvénients de la société de marché bourgeoise comme le consumérisme qui est révélé par le fait qu'Emma recherche constamment de nouveaux articles de consommation. La résistance de chaque objet est interprétée comme l'inadéquation d'un produit mal sélectionné ; la marchandise pas tout à fait satisfaisante est échangée contre un produit nouveau et supposé meilleur.[7] La transaction est un act largement ritualisé : Le marchand Lheureux montre à Emma Bovary dans sa maison les marchandises, notamment les tissus, et les présente comme le dernier chic parisien, faisant allusion à son « élégance ». Comme plus tard chez Zola, il laisse alors parler la marchandise et son pouvoir de séduction :

> Alors M. Lheureux exhiba délicatement trois écharpes algériennes, plusieurs paquets d'aiguilles anglaises, une paire de pantoufles en paille, et, enfin, quatre coquetiers en coco, ciselés à jour par des forçats. Puis, les deux mains sur la table, le cou tendu, la taille penchée, il suivait, bouche béante, le regard d'Emma, qui se promenait indécis parmi ces marchandises. De temps à autre, comme pour en chasser la poussière, il donnait un coup d'ongle sur la soie des écharpes, dépliées dans toute leur longueur ; et elles frémissaient avec un bruit léger, en faisant, à la lumière verdâtre du crépuscule, scintiller, comme de petites étoiles, les paillettes d'or de leur tissu.
> – Combien coûtent-elles ?
> – Une misère, répondit-il, une misère ; mais rien ne presse ; quand vous voudrez ; nous ne sommes pas des juifs !
> Elle réfléchit quelques instants, et finit encore par remercier M. Lheureux, qui répliqua sans s'émouvoir :

---

5    Ibid., p. 12.
6    Cf. Achim Schröder, « Geld und Gesellschaft in Balzacs Erzählung Gobseck », dans : *Germanisch-Romanische Monatsschrift* 49 (1999), p. 161–235, ici : p. 175.
7    Cf. Zygmunt Baumann, *Leben als Konsum*, Hamburg : Hamburger Edition 2009, p. 31.

> – Eh bien, nous nous entendrons plus tard ; avec les dames je me suis toujours arrangé,
> si ce n'est avec la mienne, cependant ![8]

Emma, qui aspire toujours à la mobilité (sociale) et qui veut sortir des limites de la province de Yonville, achète par la suite les marchandises à crédit, sans faire attention aux montants toujours croissants des billets à ordre.[9]

Malgré sa dette envers Lheureux, Emma se laisse séduire à plusieurs reprises et, à court terme, atteint son objectif de se démarquer d'autres habitants de la ville de province française, se donnant l'apparence d'une Parisienne. Paris, la capitale, est ici valorisée et assimilée au progrès social et à la richesse.[10] Rodolphe, son premier amant, scrute immédiatement Emma de son regard et vérifie sa valeur marchande : « Elle est fort gentille ! se disait-il [...] et de la tournure comme une Parisienne. D'où diable sort-elle ? Où donc l'a-t-il trouvée, ce gros garçon-là ? »[11] Rodolphe remarque immédiatement la différence socioculturelle entre Emma qu'il considère comme un objet facilement séductible et son mari provincial. De la même manière, on peut observer une ritualisation de la séduction dans le contexte agricole qui, d'ailleurs, rappelle la relation d'échange entre Emma et Lheureux.

L'action économique d'Emma n'est mise en scène pas tant par les sommes qu'elle dépense, mais par ses dettes. Emma maîtrise de moins en moins ses dépenses, et les crédits qui lui sont accordés ne font qu'accélérer la perte de contrôle. L'aspect temporel est intéressant : le délai, qui est accordé à Emma à plusieurs reprises, ne prend fin que quand Lheureux lui demande de régler enfin ses dettes. Ainsi, le marchand de tissus Lheureux accumule un capital considérable.[12] Si l'étendue exacte des dettes d'Emma reste incertaine, le gain et le profit financier de Lheureux ne seront décrits que plus en détail. Les événements économiques dominent la deuxième partie du roman.[13]

Contrairement au marchand de tissus, qui grâce à son éducation économique peut calculer avec précision les prêts accordés à la femme du médecin, Emma est incapable de quantifier avec précision les biens acquis. La relation entre Emma

8   Gustave Flaubert, « Madame Bovary », Claudine Gothot-Merch (éd.) avec la collaboration de Jeanne Bem, Yvan Leclerc, Guy Sagnes et Gisèle Séginger, dans : Id., *Œuvres complètes*, Paris : Gallimard 2013, p. 147–458, ici : p. 241.

9   Ibid., p. 408.

10  Cf. ibid., p. 146.

11  Ibid., p. 264.

12  Flaubert, *Madame Bovary*, p. 408.

13  Cf. Shigeru Nakano, *Les réalités économiques et sociales dans l'œuvre de Gustave Flaubert – Madame Bovary*, Lille : Atelier nat. de Reprod. des Thèses 2005, p. 56.

et Lheureux pose également la question de la culpabilité et de la dette : Emma
s'endette en spéculant sur son espoir d'ascension sociale.

Plus le temps de l'action progresse, plus Emma s'endette. Cela pourrait conti-
nuer indéfiniment si Lheureux ne mettait pas fin à cette vie à crédit et initie ainsi
la mort de l'héroïne et par conséquent la fin de la narration : « Pensiez-vous, ma
petite dame, que j'allais, jusqu'à la consommation des siècles, être votre four-
nisseur et banquier pour l'amour de Dieu ? Il faut bien que je rentre dans mes
déboursés, soyons justes ! »[14]. La nouvelle religion de l'argent ne sait pas par-
donner la dette.[15]

## Le bonheur des femmes – le nouveau monde des grands magasins

Si Flaubert illustre avec Madame Bovary comment le comportement du
consommateur dans les transactions ritualisées axées sur le consommateur a
changé, Zola va au-delà en décrivant toute une nouvelle couche de consommateurs, les femmes bourgeoises, qui fait face à une force de vente de plus en
plus féminine. Dans le roman naturaliste, les nouveaux grands magasins à la
réminiscence théâtrale de la marchandise, font face à la situation désespérée des
vendeuses, qui vivent souvent dans des conditions précaires. Le Bon Marché, le
grand magasin qui a servi de modèle à Zola pour son roman, a été fondé en 1852,
suivi en 1865 et 1895 par les grands magasins « Le Printemps » et « Les Galeries
Lafayette », des structures qui ont complètement métamorphosé l'espace urbain.

Haussmann a transformé l'architecture de la ville en aménageant des grands
boulevards qui caractérisent encore aujourd'hui la métropole. Avec la révolution
industrielle émerge la production en masse qui entraîne la disparation des petits
magasins artisanaux et forme une nouvelle société de consommation. L'achat
à bas prix en grande quantité pour revendre des produits de qualité supposés
exclusifs à un prix abordable est la stratégie développée par Mouret, directeur
du magasin :

> Mouret avait eu cette idée. Le premier, il venait d'acheter dans le Levant, à des condi-
> tions excellentes, une collection de tapis anciens et de tapis neufs, de ces tapis rares que,
> seuls, les marchands de curiosités vendaient jusque-là, très cher ; et il allait en inonder

---

14  Flaubert, *Madame Bovary*, p. 408–409.
15  Cf. Adeline Daumard, « Caractères de la société bourgeoise », dans : Fernand Brau-
    del / Ernest Labrousse (éds.), *Histoire économique et sociale de la France : Volume 3,
    1789–1880*, Paris : Quadriag – Presses universitaires de France 1993, p. 829–896, ici :
    p. 840s.

le marché, il les cédait presque à prix coûtant, en tirait simplement un décor splendide, qui devait attirer chez lui la haute clientèle de l'art.[16]

Outre les tapis orientaux de prestige, ce sont avant tout les tissus en soie qui représentent le progrès social. Celles-ci sont identifiées comme nouvel objet de consommation par leur propre mise en scène, mais aussi par la pression sociale du groupe – qui, elle aussi, est ritualisée. Le rôle du vendeur, cependant, devient accessoire, il lui suffit de donner l'absolution :

> – Venez à la soie, dit madame Desforges. Il faut voir leur fameux Paris-Bonheur. […]
> Puis, il dominait la cliente, il se hâtait de l'expédier pour passer à une autre, en lui imposant son choix, en lui persuadant qu'il savait mieux qu'elle l'étoffe dont elle avait besoin.
> – Madame, quel genre de soie ? demanda-t-il de son air le plus galant.
> Madame Desforges ouvrait à peine la bouche, qu'il reprenait :
> – Je sais, j'ai votre affaire.
> Quand la pièce de Paris-Bonheur fut dépliée, sur un coin étroit du comptoir, entre des amoncellements d'autres soies, madame Marty et sa fille s'approchèrent. Hutin, un peu inquiet, comprit qu'il s'agissait d'abord d'une fourniture pour celles-ci. Des paroles à demi-voix s'échangeaient, madame Desforges conseillait son amie.
> – Oh ! sans doute, murmurait-elle, une soie de cinq francs soixante n'en vaudra jamais une de quinze, ni même une de dix.
> – Elle est bien chiffon, répétait madame Marty. J'ai peur que, pour un manteau, elle n'ait point assez de corps.
> Cette remarque fit intervenir le vendeur. Il avait une politesse exagérée d'homme qui ne peut se tromper.
> – Mais, madame, la souplesse est la qualité de cette soie. Elle ne se chiffonne pas… C'est absolument ce qu'il vous faut.
> Impressionnées par une telle assurance, ces dames se taisaient.[17]

Au moment où la marchandise, ainsi sémantisée, devient le principal argument de vente, l'importance du vendeur dans les situations d'achat qui sont de plus en plus ritualisées s'efface progressivement : Il devient interchangeable, ce qui compte, c'est le nombre de biens vendus. Sa position est donc toujours mise en péril pendant la saison morte.

*Au Bonheur des Dames* publié en 1883 en tant que onzième tome du cycle *Les Rougon-Macquart* traite de la transformation radicale des structures commerciales dans les grandes villes du XIXᵉ siècle.[18] Inspiré des premiers grands

---

16  Émile Zola, *Au bonheur des dames*, Paris : Flammarion 2009, p. 142.

17  Ibid., p. 160.

18  Cf. Marie-Ange Fougère, « Présentation », dans : Émile Zola, *Au Bonheur des Dames*. Paris : Flammarion 2009, p. 17–46, ici : p. 17.

magasins à Paris et leur évolution, Zola fournit une analyse du phénomène de
la société de consommation moderne qui, pour Becker et Gaillard, est même un
« culte de la consommation »[19].

Surtout, la stylisation du grand magasin en tant que nouvelle cathédrale
montre l'importance des relations d'échange fortement ritualisées.[20] Celles-ci
sont souvent reproduites dans un discours dramatique et direct (avec *verbum
dicendi* d'introduction) ou dans des passages transposés avec un discours indirect ou en style indirect libre, le caractère scénique étant souligné. Mais le tout
prend aussi l'allure d'un arrangement expérimental dans le sens du roman naturaliste. Il n'est pas surprenant dans ce contexte que le grand magasin domine
d'autres bâtiments historiques importants tels que la cathédrale Notre-Dame de
Paris ou l'église des Invalides avec son dôme d'or.[21] Le grand magasin symbolise
ainsi un nouvel ordre social, non plus dédié à la religion ou à l'armée, mais à la
consommation capitaliste dans sa forme la plus pure.

Le texte est raconté principalement du point de vue de Denise Baudu, qui,
venant de la province à Paris, est observatrice tout comme actrice.[22] Elle regarde
distraitement le petit magasin du coin, qui propose des produits artisanaux dans
le cadre des négociations de vente individualisées, et observe les transactions ritualisées dans les grands magasins. Le contraste entre ces deux mondes apparaît
clairement au début du quatrième chapitre, lorsque le monde moderne des biens
semble tout surpasser et est diamétralement opposé aux petits magasins sombres :

> Aussi le Bonheur des Dames, dès huit heures, flambait-il aux rayons de ce clair soleil,
> dans la gloire de sa grande mise en vente des nouveautés d'hiver. Des drapeaux flottaient
> à la porte, des pièces de lainage battaient l'air frais du matin, animant la place Gaillon
> d'un vacarme de fête foraine ; tandis que, sur les deux rues, les vitrines développaient
> des symphonies d'étalages, dont la netteté des glaces avivait encore les tons éclatants.
> C'était comme une débauche de couleurs, une joie de la rue qui crevait là, tout un coin
> de consommation largement ouvert, et où chacun pouvait aller se réjouir les yeux.[23]

---

19  Cf. Colette Becker / Jeanne Gaillard, *Au bonheur des dames (1883), Émile Zola.
     Résumé, personnages, thèmes*, Paris : Hatier 1994, p. 56.
20  Cf. Zola, *Au bonheur des dames*, p. 102 ; cf. Ulrike Vedder, « Eine enzyklopädische
     Literatur der Dinge – Emile Zolas Warenhausroman *Au Bonheur des Dames* », dans :
     *arcadia* 48,2 (2013), p. 354–367, ici : p. 360–361.
21  Cf. Zola, *Au bonheur des dames*, p. 460.
22  Cf. Bernd Blaschke, « Literarische Anthropologie im Zeitalter des Hochkapitalismus.
     Zolas Spekulationen zum notwendigen Exzess », dans : Iuditha Balint / Sebastian
     Zilles (éds.) : *Literarische Ökonomik*, Paderborn : Fink 2014, p. 103–123, ici : p. 112.
23  Zola, *Au bonheur des dames*, p. 141.

Pour séduire la clientèle féminine, les grands magasins ont également recours à de nouvelles stratégies de vente telles que des affiches, des catalogues ou des cadeaux comme des ballons pour les enfants avec l'empreinte du magasin :

> Un trait de génie que cette prime des ballons, distribuée à chaque acheteuse, des ballons rouges, à la fine peau de caoutchouc, portant en grosses lettres le nom du magasin, et qui, tenus au bout d'un fil, voyageant en l'air, promenaient par les rues une réclame vivante ! La grande puissance était surtout la publicité. Mouret en arrivait à dépenser par an trois cent mille francs de catalogues, d'annonces et d'affiches.[24]

Le grand magasin lui-même symbolise également ce changement : il devient un lieu privilégié pour les rencontres sociales, occupant une position intermédiaire entre l'espace privé intime et la sphère publique.[25]

Ici, l'aspect social est central : les rituels liés à la situation d'achat témoignent de l'affiliation à un certain groupe social. La ritualisation dépend donc d'une pratique sociale qui peut changer de manière stratégique si un groupe souhaite se distinguer des autres. Un exemple qui illustre cette dynamique de groupe est le cercle de femmes autour d'Henriette Desforges, l'actuelle amoureuse de Mouret, qui toutes montrent le même comportement de consommation pour démontrer leur affiliation et se distancer des autres acheteurs :

> The strategies of ritualization are particularly rooted in the body, specifically, the interaction of the social body within a symbolically constituted spatial and temporal environment. [Ritualization] is embedded within the dynamics of the body and defined with the symbolically structured environment.[26]

Le fait que les femmes en particulier aient le temps et le pouvoir d'achat en fait le nouveau groupe cible idéal pour les transactions de plus en plus ritualisées dans les grands magasins.

La stratégie de séduction qui prévaut chez Mouret, le gérant du grand magasin, est basée sur la soi-disante faiblesse féminine et sa manipulabilité qu'il considère comme une prémisse fondamentale de son modèle d'entreprise.[27] Dans un renversement ironique, ce n'est pas le bonheur des femmes qui est au premier

---

24  Ibid., p. 298.
25  Cf. Gertrud Lehnert, « Paradies der Sinne. Das Warenhaus als sinnliches Ereignis », dans : *Image : Zeitschrift für interdisziplinäre Bildforschung* 8 (2010), p. 1–21, ici : p. 2.
26  Catherine Bell, *Ritual Theory, Ritual Practice*, New York / Oxford : Oxford University Press 1992, p. 92.
27  Zola, *Au bonheur des dames*, p. 130 et p. 132. ; Cf. Rosemary Peters Crick, « For the Pleasure of Ladies : Theft, Gender, and Object Relations in *Au Bonheur des Dames* », dans : Anna Gural-Migdal (éd.), *L'écriture du féminin chez Zola et dans la fiction*

plan, mais ce sont les femmes en tant qu'acheteurs prospères qui font la fortune du propriétaire du grand magasin. Pour Mouret ne comptent que sa propre réussite financière et son pouvoir.[28]

Bien que la femme soit dépeinte comme la reine du grand magasin, un temple dédié au nouveau culte de la féminité,[29] l'objectif est de maximiser la consommation en sémantisant les biens en tant que symbole d'appartenance sociale et de prospérité. Cela est particulièrement évident dans les transactions ritualisées. La bonne technique de vente est déterminée par une stratégie de plus en plus mécanisée ; c'est la compétition qui domine ce « champ de bataille »[30], où l'essentiel est de vendre autant que possible dans les plus brefs délais. Seulement Denise, qui devient elle-même victime de cette stratégie, parvient à la changer progressivement grâce à sa politique altruiste. Jusqu'à ce changement, il existe une sorte de darwinisme social dans les grands magasins : Seuls ceux qui parviennent à s'adapter à un changement social et économique rapide et à survivre à la concurrence omniprésente peuvent ainsi réussir. La métaphore de la machine ou du bateau à vapeur, qui est utilisée à plusieurs reprises, décrit de manière éloquente la mécanique du commerce moderne.[31] Dans cette machine monstrueuse qui fait tourner un système répressif, les employés ne constituent que des roues insignifiantes ; ils perdent toute individualité, comme en témoignent les transactions de plus en plus ritualisées.[32] Denise, qui peut difficilement s'habituer à l'idée d'être une vendeuse en même temps qu'un mannequin, commence à sentir dès le départ cette politique de vente axée sur la consommation :

> – N'est-ce pas ? Qu'elle se peigne demain, c'est inconvenant ! répétait à madame Aurélie le terrible Bourdoncle, qui dès l'arrivée avait condamné Denise, plein de mépris pour ses petits membres. [...] Cependant, madame Aurélie elle-même venait de poser le manteau sur les épaules de madame Marty, et l'on se récriait : Oh ! très bien ! ravissant ! tout de suite, ça prenait une tournure. Madame Desforges déclara qu'on ne trouverait pas mieux. Il y eut des saluts, Mouret prit congé, tandis que Vallagnosc, qui avait aperçu aux dentelles madame de Boves et sa fille, se hâta d'aller offrir son bras à la mère. Déjà Marguerite, debout devant une des caisses de l'entresol, appelait les divers achats de madame Marty, qui paya et qui donna l'ordre de porter le paquet

---

*naturaliste. Writing the feminine in Zola and naturalist fiction*, Berlin et al. : Peter Lang 2003, p. 471–488, ici : p. 476s.

28  Cf. Remigius Bunia, « Frauen Identität schulden. *Au Bonheur des Dames* von Émile Zola und die Konsumkultur », dans : *arcadia* 50,2 (2015), p. 307–327, ici : p. 52.

29  Zola, *Au bonheur des dames*, p. 131 et p. 136.

30  Ibid., p. 174.

31  Ibid., p. 129 et p. 125.

32  Cf. Bunia, *Frauen Identität schulden*, p. 324.

dans sa voiture. Madame Desforges avait retrouvé tous ses articles à la caisse 10. Puis, ces dames se rencontrèrent une fois encore dans le salon oriental. Elles partaient, mais ce fut au milieu d'une crise bavarde d'admiration. Madame Guibal elle-même s'exaltait.

– Oh ! délicieux !... On se dirait là-bas !

– N'est-ce pas, un vrai harem ? Et pas cher ![33]

Quand les ventes baissent en été, les vendeurs peuvent être licenciés pour la moindre erreur. Ce processus se déroule de manière tout aussi mécanique et ritualisée que toutes les autres opérations quotidiennes du grand magasin, ce qui est illustré par la forme paratactique du deuxième paragraphe.[34]

Mais le grand magasin permet également un mélange spatial et social des classes et des genres.[35] En particulier, la position sociale des femmes change sous l'influence de cette évolution, puisque le grand magasin crée désormais un nouvel espace social où les femmes sont acceptées. C'est pourquoi le grand magasin peut également être décrit comme un lieu des femmes.[36] Mais les relations d'échange rituelles sont encore largement dominées par les hommes : Ils définissent le cadre de leurs actions. Seul le secteur particulier des vendeuses reste sous l'influence de Denise, mais seulement parce qu'elle peut clairement faire comprendre au propriétaire que cela favorise le succès du grand magasin en tant qu'unité économique indépendante.[37]

À la différence des autres vendeurs, la protagoniste est fascinée par le progrès économique[38] et montre une compréhension des mécanismes complexes au sein du grand magasin, qui est en fait un acteur économique indépendant. Cette compréhension fine se montre notamment dans le fait qu'elle contrecarre à plusieurs reprises les négociations rituelles sur les ventes et brise les rapports de force asymétriques ainsi que les stéréotypes de genre.[39]

---

33  Zola, *Au bonheur des dames*, p. 172–173.

34  Cf. Zola, *Au bonheur des dames*, p. 213.

35  Cf. Franziska Schößler, *Börsenfieber und Kaufrausch : Ökonomie, Judentum und Weiblichkeit bei Theodor Fontane, Heinrich Mann, Thomas Mann, Arthur Schnitzler und Émile Zola*, Bielefeld : Aisthesis 2009, p. 289.

36  Cf. Lehnert, *Paradies der Sinne*, p. 8–9.

37  Cf. Zola, *Au bonheur des dames*, p. 422.

38  Cf. Véronique Cnockaert, « Denise ou la vertu attentatoire dans *Au Bonheur des Dames* », dans : Anna Gural-Migdal (éd.), *L'écriture du féminin chez Zola et dans la fiction naturaliste. Writing the feminine in Zola and naturalist fiction*, Berlin et al. : Peter Lang 2003, p. 437–448, ici : p. 439s.

39  Cf. Lehnert, *Paradies der Sinne*, p. 8s.

Le texte met également en évidence le lien étroit entre les relations d'échange et les registres économique. La fin du roman en donne un exemple, lorsque l'employée Denise est demandée en mariage le même jour où se tient une exposition dont les marchandises sont toutes blanches.[40] À l'opposé de Flaubert qui critique le libéralisme économique, Zola met en exergue la mobilité sociale, ce qui est atypique du cycle des Rougon-Maquart. Le texte reflète ainsi l'attitude ambivalente mais au fond optimiste de Zola à l'égard du progrès économique.[41]

Si Flaubert interroge de manière particulière l'éducation économique du protagoniste dans un monde de marché résolument tourné vers la consommation, Zola montre dans son roman à la fin du XIXe siècle que l'empathie et l'intuition féminine peuvent contribuer à construire une culture sociale. Dans l'utopie de Zola, la connaissance de la protagoniste contribue à maximiser le profit du fondateur du grand magasin Octave Mouret tout en assurant un traitement social juste du nouveau métier des vendeuses.

L'importance croissante du rituel dans le roman de Zola se reflète également dans la sacralisation du grand magasin : Le grand magasin est devenu la cathédrale du XIXe siècle, contrairement à Flaubert qui sépare encore clairement les espaces. Mais le changement s'annonce déjà par le drapeau républicain sur l'église : « Depuis les événements que l'on va raconter, rien, en effet, n'a changé à Yonville. Le drapeau tricolore de fer-blanc tourne toujours au haut du clocher de l'église ; la boutique du marchand de nouveautés agite encore au vent ses deux banderoles d'indienne. »[42]

Zola brouille encore plus les frontières entre le sacré et le nouveau culte de l'argent que Flaubert. La fin du roman montre clairement que les nouveaux actes ritualisés du monde des produits parfaitement mis en scène remplacent de plus en plus l'église avec ses objets de culte et ses insignes de pouvoir. Mouret regarde donc avec envie son adversaire, dont l'entrepôt a effectivement brûlé, mais qui a décidé dans une stratégie de vente ingénieuse de faire bénir ses grands magasins par le clergé :

> Puis, il était surtout exaspéré de n'avoir pas eu une idée géniale de Bouthemont : ce bon vivant ne venait-il pas de faire bénir ses magasins par le curé de la Madeleine, suivi de tout son clergé ! une cérémonie étonnante, une pompe religieuse promenée de

---

40  Zola, *Au bonheur des dames*, p. 458–460.
41  Laura C. Hartog, « La Machine, l'argent et l'eau de rose : Le vrai ‹ bonheur des dames › zolien », dans : Anna Gural-Migdal (éd.), *L'écriture du féminin chez Zola et dans la fiction naturaliste. Writing the feminine in Zola and naturalist fiction*, Berlin et. al. : Peter Lang 2003, p. 423–436, ici : p. 434.
42  Flaubert, *Madame Bovary*, p. 150.

la soierie à la ganterie, Dieu tombé dans les pantalons de femme et dans les corsets ; ce qui n'avait pas empêché le tout de brûler, mais ce qui valait un million d'annonces, tellement le coup était porté sur la clientèle mondaine. Mouret, depuis ce temps, rêvait d'avoir l'archevêque.[43]

# Bibliographie

BAUMANN, Zygmunt, *Leben als Konsum*, Hamburg : Hamburger Edition 2009.

BECKER, Colette / Gaillard, Jeanne, *Au bonheur des dames (1883), Émile Zola. Résumé, personnages, thèmes*, Paris : Hatier 1994.

BELL, Catherine, *Ritual Theory, Ritual Practice*, New York / Oxford : Oxford University Press 1992.

BLASCHKE, Bernd, « Literarische Anthropologie im Zeitalter des Hochkapitalismus. Zolas Spekulationen zum notwendigen Exzess », dans : Iuditha Balint / Sebastian Zilles (éds.) : *Literarische Ökonomik*, Paderborn : Fink 2014, p. 103–123.

BUNIA, Remigius, « Frauen Identität schulden. *Au Bonheur des Dames* von Émile Zola und die Konsumkultur », dans : *arcadia* 50,2 (2015), p. 307–327.

CNOCKAERT, Véronique, « Denise ou la vertu attentatoire dans *Au Bonheur des Dames* », dans : Anna Gural-Migdal (éd.), *L'écriture du féminin chez Zola et dans la fiction naturaliste. Writing the feminine in Zola and naturalist fiction*, Berlin et al. : Peter Lang 2003, p. 437–448.

CRICK, Rosemary Peters, « For the Pleasure of Ladies : Theft, Gender, and Object Relations in *Au Bonheur des Dames* », dans : Anna Gural-Migdal (éd.), *L'écriture du féminin chez Zola et dans la fiction naturaliste. Writing the feminine in Zola and naturalist fiction*, Berlin et al. : Peter Lang 2003, p. 471–488.

DAUMARD, Adeline, « Caractères de la société bourgeoise », dans : Fernand Braudel / Ernest Labrousse (éds.), *Histoire économique et sociale de la France : Volume 3, 1789–1880*, Paris : Quadriag – Presses universitaires de France 1993, p. 829–896.

FLAUBERT, Gustave, « Madame Bovary », Claudine Gothot-Merch (éd.) avec la collaboration de Jeanne Bem, Yvan Leclerc, Guy Sagnes et Gisèle Séginger, dans : Id., *Œuvres complètes*, Paris : Gallimard 2013, p. 147–458.

FOUGÈRE, Marie-Ange, « Présentation », dans : Émile Zola, *Au Bonheur des Dames*. Paris : Editions Flammarion 2009, p. 17–46.

HARTOG, Laura C., « La Machine, l'argent et l'eau de rose : Le vrai ‹ bonheur des dames › zolien », dans : Anna Gural-Migdal (éd.), *L'écriture du féminin chez*

---

43 Zola, *Au bonheur des dames*, p. 462.

*Zola et dans la fiction naturaliste. Writing the feminine in Zola and naturalist fiction*, Berlin et. al. : Peter Lang 2003, p. 423–436.

LEHNERT, Gertrud, « Kaufrausch », dans : Clemens Risi / Jens Roselt (éds.), *Koordination der Leidenschaft. Kulturelle Aufführungen von Gefühlen*, Berlin : Theater der Zeit 2009, p. 254–266.

LEHNERT, Gertrud, « Paradies der Sinne. Das Warenhaus als sinnliches Ereignis », dans : *Image : Zeitschrift für interdisziplinäre Bildforschung* 8 (2010), p. 1–21.

MARIS, Bernard, *Houellebecq Économiste*, Paris : Flammarion 2014.

NAKANO, Shigeru, *Les réalités économiques et sociales dans l'œuvre de Gustave Flaubert – Madame Bovary*, Lille : Atelier nat. de Reprod. des Thèses 2005.

SCHÖSSLER, Frankziska, *Börsenfieber und Kaufrausch : Ökonomie, Judentum und Weiblichkeit bei Theodor Fontane, Heinrich Mann, Thomas Mann, Arthur Schnitzler und Émile Zola*, Bielefeld : Aisthesis 2009.

SCHRÖDER, Achim, « Geld und Gesellschaft in Balzacs Erzählung Gobseck », dans : *Germanisch-Romanische Monatsschrift* 49 (1999), p. 161–235.

VATTIN, François, « Introduction », dans : Pierre Bras / Claire Pignol (éds.), *Économie et littérature*, Paris : L'Harmattan 2016, p. 11–25.

VEDDER, Ulrike, « Eine enzyklopädische Literatur der Dinge – Emile Zolas Warenhausroman *Au Bonheur des Dames* », dans : *arcadia* 48,2 (2013), p. 354–367.

WIMMER, Michael / Schäfer, Alfred, « Einleitung : Zur Aktualität des Ritualbegriffs », dans : Id. (éds.), *Rituale und Ritualisierungen*, Opladen : Leske + Budrich 1998, p. 9–48.

ZOLA, Émile, *Au bonheur des dames*, Paris : Editions Flammarion 2009.

Wolfram Nitsch

# Dynamique du compartiment.
# Rencontres en wagon chez Maupassant et Zola

> Quarante-huit heures durant, je suis resté prisonnier dans
> un wagon, obligé d'aspirer l'acide carbonique et l'azote
> d'hommes qui m'étaient inconnus. Ma première pensée fut
> de les détester, car ils me dérangeaient, ces êtres, me forçant
> à retenir le dessin des traits de leur visage, m'imposant par
> la violence d'entendre leurs conversations qui mettaient en
> mouvement mon cerveau. [...] Le sommeil ne rend pas heu-
> reux et dans notre cellule de tortures des gémissements se
> faisaient entendre et des soupirs, soupirs des hommes retom-
> bés après des millions d'années de civilisation à l'état de la
> brute ou du sauvage rêvant des verts pacages ou peut-être
> aussi d'un bon meurtre, d'un viol ou d'un inceste !
>
> August Strindberg

**Abstract:** As an isolated site of temporary encounter, the railway compartment of the 19th-century subjects the passengers to a rigorous spatial and temporal order which may encourage erotic intimacy or criminal aggression. Such social transgressions counter the ritual sociability of temporarily shared train spaces, a central topic of naturalistic writings.

## Un lieu isolé et cadencé

Parmi les lieux de rencontre chers aux romanciers et aux nouvellistes français du xixe siècle, le chemin de fer occupe une place importante.[1] Ceci ne s'explique pas seulement par la nouveauté de ce moyen de transport qui a conquis la France depuis 1837, mais surtout par l'un de ses effets secondaires les plus souvent sou-lignés, à savoir la stimulation du contact et de l'échange entre ses utilisateurs de plus en plus nombreux. Si la gare favorise des rencontres momentanées au

---

[1] Cf. Marc Baroli, *Le train dans la littérature française* (1963), Paris : N. M. ³1969, p. 143–278 ; Philippe Hamon / Alexandrine Viboud (éds.), *Dictionnaire thématique du roman de mœurs en France (1814–1914)*, Paris : Presses de la Sorbonne Nouvelle 2008, t. 1, p. 220–224 ; Anne Reverseau (éd.), *Sur les rails. De Victor Hugo à Jacques Roubaud*, Bruxelles : Les Impressions Nouvelles 2018, p. 5–12.

milieu de la foule, que ce soit dans la salle d'attente ou sur le quai de départ,[2] le compartiment donne lieu à des rencontres plus étendues en petit comité. C'est cette dernière espèce d'espace toute singulière, mais beaucoup moins étudiée que la première, dont il sera question ici. Le compartiment de train nous intéressera en tant que lieu qui, grâce à deux caractéristiques principales, peut provoquer une dynamique sociale digne d'intérêt littéraire. D'une part, c'est un lieu extrê- mement isolé, du moins s'il s'agit d'un compartiment de première ou de seconde classe dans un wagon français du XIX^e siècle ; car à la différence de la voiture « à couloir » ou « à intercirculation » qui sera le standard du XX^e siècle et qui circule déjà sur les chemins de fer américains de l'époque, celui-ci correspond au type de voiture « à compartiments séparés » qui, tels que des coupés de carrosse, ne sont accessibles que par une portière latérale.[3] Pour cette raison, il est impossible de se déplacer dans le train pendant le voyage, comme il est permis à Philéas Fogg tant qu'il roule sur la *Pacific Railroad*.[4] Plus encore que le wagon américain, le compartiment français constitue donc un espace social intermédiaire : même s'il appartient à la sphère publique, son caractère clos lui donne l'air d'un salon, voire d'une chambre privée.[5] D'autre part, c'est un lieu pour ainsi dire cadencé, puisque son occupation et sa perception dépendent de l'horaire du train. Comme à chaque arrêt en gare il se peut que des personnes montent ou descendent, de même que le font les personnages entre deux scènes de théâtre, la composition du groupe qui partage le compartiment est toujours susceptible de changer au cours du voyage. Et un voyageur expérimenté sait même prédire quand et pour combien de temps le compartiment bien éclairé se transformera en chambre obscure et assourdissante, en raison du passage du train à travers un tunnel. L'épisode populaire du baiser volé dans le noir éphémère d'un wagon roulant met en relief à quel point les passagers voisinant dans cet espace clos calculaient

---

2   Cf. Stéphanie Sauget, *À la recherche des pas perdus. Une histoire des gares parisiennes*, Paris : Tallandier 2009, p. 141–162.

3   Cf. Pol-Jean Lefèvre / Georges Cerbelaud, *Les chemins de fer*, Paris : Quantin 1889, p. 138–161. Cf. Wolfgang Schivelbusch, *Histoire des voyages en train* (1977), Paris : Le Promeneur 1990, chap. 5 ; François Caron, *Histoire des chemins de fer en France 1740–1883*, Paris : Fayard 1997, p. 313–314, p. 371–373.

4   Sur cette étape ferroviaire du *Tour du monde en quatre-vingts jours* (1873), voir mon étude « Omnibus auf gekrümmter Trasse. Die amerikanische Eisenbahn », dans : *Weltnetzwerke - Weltspiele. Jules Vernes « In 80 Tagen um die Welt »*, « Passepartout » (dir.), Konstanz : Konstanz University Press 2013, p. 271–277.

5   Cf. Amy G. Richter, *Home on the rails. Women, the railroad, ant the rise of public domesticity*, Chapel Hill : University of North Carolina Press 2005, p. 29.

avec la temporalité rigoureuse de celui-ci.[6] Bref, le compartiment français du XIXᵉ siècle produit une proximité à la fois prononcée et provisoire. S'il stimule l'interaction sociale en condamnant à l'immobilité les personnes qui s'y font face sans se connaître, il la limite en même temps à une durée prévisible ; et s'il invite certains voyageurs à une transgression ponctuelle, il le fait toujours dans un cadre marqué par la répétition rituelle du même.

Bien que les premiers voyageurs ferroviaires n'aient nullement ignoré les enjeux sociaux du nouveau moyen de locomotion, ce n'est qu'un demi-siècle après son apparition qu'on commence à réfléchir à fond sur ce qui se passe dans la petite société réunie dans un compartiment. Cet intérêt nouveau se manifeste d'une manière très sensible dans le livre *La vie en chemin de fer*, publié en 1888 par le journaliste Pierre Giffard. Tandis qu'une chronique homonyme de Benjamin Gastineau, parue en 1861, avait surtout exploré un autre effet secondaire du train, à savoir son impact sur la perception du voyageur qui voit défiler un paysage en mouvement, ce guide pratique et humoristique destiné à être lu en wagon traite en premier lieu de la « profonde modification que ce genre de transports a produite sur nos mœurs »[7]. Pour Giffard, le compartiment de première classe est un microcosme social ou une « réduction Colas [*sic*] du vrai monde » – comme il dit en référence à Achille Collas, un pionnier de la reproduction technique – parce que la « claustration roulante » met en relief une profonde « insociabilité de l'homme » dont il faut se défendre au nom de la civilisation urbaine.[8] Cette insociabilité se manifeste sous forme d'une proximité gênante, d'une suspicion réciproque et d'une intimité refusée.

L'expérience la plus commune des passagers qui se rencontrent en wagon est celle d'une proximité gênante. Un compartiment où toutes les huit places sont prises ressemble à une « véritable cage aux lions »[9]. Cette impression générale s'impose d'autant plus que, selon Giffard, tout le monde aspire à voyager sans compagnie afin de pouvoir rêver en toute tranquillité, tout en contemplant

---

6  Cf. ibid., p. 22–23 ; sur la postérité cinématographique de cet épisode, cf. Natascha Drubek-Meyer, « Kamera-Aggressionen : Technisch-erotische Annäherungen im frühen britischen Film (1895–1901) », dans : Aage Hansen-Löve et al. (éds.), *Ankünfte. An der Epochenschwelle um 1900*, München : Fink 2009, p. 267–282, ici : p. 276–277.

7  Pierre Giffard, *La vie en chemin de fer*, illustré par Albert Robida, Paris : Librairie illustrée 1888, p. 314 ; cf. Benjamin Gastineau, *La vie en chemin de fer*, Paris : Dentu 1861, où la dimension sociale du voyage en train fait l'objet d'un seul chapitre (p. 39–49).

8  Giffard, *La vie en chemin de fer*, p. 19.

9  Ibid., p. 92.

comme depuis un « observatoire roulant » le paysage qui défile « avec une rapidité fantastique »[10]. Pour cette raison, tous ceux qui montent dans un train essaient de trouver un compartiment vide et de le défendre contre ceux qui veulent s'y installer à leur tour. Afin de marquer les places libres, on n'hésite pas à appliquer certaines « supercheries » tactiques : étaler ses affaires dans tous les coins du compartiment, emmener des amis « faux voyageurs » pour le meubler jusqu'au moment du départ, voire même en altérer l'atmosphère par une manipulation de la lampe ou le renversement volontaire d'un flacon d'éther.[11] Cependant, il est rare qu'un voyageur arrive à rester solitaire, de sorte qu'il s'agit en général de supporter le plus sereinement possible la proximité des autres qui contrarient la rêverie ferroviaire par toutes sortes d'impertinences. Certains d'entre eux causent des ennuis optiques, comme par exemple le lecteur acharné qui s'assied sur l'appuie-bras pour être plus proche de la lumière qu'il voile aux autres, ou bien le « liseur avec bougie » qui provoque vice versa une « commotion lumineuse » dans le compartiment nocturne.[12] D'autres compagnons de voyage sont la source constante d'ennuis acoustiques, notamment le pédant « indicateur oral » ou la dame bavarde accompagnée d'une confidente muette et dont le « moulin à paroles » ne s'arrête jamais ; sous le coup d'une volubilité pareille, un silence gardé pendant le trajet entier paraît le « comble de l'urbanité en chemin de fer »[13]. Plus graves encore sont à l'avis de Giffard les ennuis olfactifs, thermiques et tactiles qui résultent de l'« insociabilité » de certains voyageurs. Une pratique gênante consiste à emporter des objets extrêmement odorants, tels que des bouquets, des flacons ou des fromages ; elle semble pourtant moins fâcheuse que celle de manger en wagon, une pratique répandue surtout en Allemagne où elle est l'« indice d'une civilisation retardataire », mais connue aussi en France où l'on ne fait guère mieux en se servant d'un nécessaire dînatoire, « le dernier mot de l'élégance dans l'incivilité », puisque le simple fait de dîner dans le train transforme la voiture à compartiments en une « *roulotte* de saltimbanques »[14]. Enfin, des ennuis thermiques surgissent quand quelqu'un ouvre la fenêtre au détriment des autres, comme par exemple le voyageur qui a besoin d'un courant d'air pour allumer une chaufferette portable ; et l'on souffre des dérangements tactiles lorsqu'un passager s'entoure d'objets encombrants : c'est surtout le cas des touristes étrangers, en particulier de la « vieille Anglaise » assommante et

---

10  Ibid., p. 98, 217.
11  Ibid., p. 22–32.
12  Ibid., p. 183–184.
13  Ibid., p. 163, 166, 195.
14  Ibid., p. 175–176, 255.

expansive qui fait du wagon son *home* à elle, tout comme son compatriote masculin « prend possession du compartiment comme [...] d'un pays conquis »[15].

Tous ces ennuis qui surviennent dans un compartiment bondé semblent
pourtant moins graves que la peur suscitée par un compartiment presque vide.
Car s'il n'y a que deux voyageurs, ils sont souvent hantés par les « dangers
imaginaires » d'une agression en cours de route. Sous le signe d'une telle « suspicion réciproque », même un geste défensif comme celui de fermer brusquement
la fenêtre ouverte par l'autre peut paraître dangereux à celui-ci.[16] Pour Giffard,
cette hantise générale, nourrie par quelques célèbres assassinats en wagon, n'est
pas insensée : l'isolation qui caractérise le compartiment et plus encore le coupé
de luxe à quatre places peut en effet donner l'impression de ne pas être vu en y
perpétrant un crime sanglant, de sorte que « c'est miracle qu'on ne tue pas plus
souvent en chemin de fer »[17]. Cependant, il ne cite qu'avec ironie les différentes
propositions de ses contemporains pour établir une communication entre les
compartiments. Les sonneries d'alarme lui paraissent trop compliquées et donc
inutiles en cas d'agression, et les wagons à couloir qui permettent de se déplacer
dans le train ne lui semblent pas correspondre aux goûts des Français qui pré-
fèrent quand même la solitude du compartiment au « vastes salons-omnibus »
des cars américains ou à la « brasserie roulante » d'un wagon-tramway suisse.[18]
En outre, il souligne qu'un tel système d'intercommunication peut créer de nouveaux dangers imaginaires ou réels. Il renvoie non seulement à l'exemple du
« monsieur qui a peur d'être assassinée [...] par un homme qui pourrait venir
le long des marchepieds », mais encore à une affaire de meurtre récente, où l'as-
sassin était « entré, en pleine marche, dans le wagon »[19]. Il semble donc difficile
de combattre le malaise profond lié au compartiment : son accessibilité par le
marchepied extérieur ne paraît pas moins inquiétante que son inaccessibilité à
l'intérieur du wagon.

---

15  Ibid., p. 200, 202.
16  Ibid., p. 87–88, 95.
17  Ibid., p. 229. À propos des meurtres en wagon survenus depuis 1860 et leur répercus-
    sion internationale, voir Schivelbusch, *Histoire des voyages en train* (n. 3), chap. 5 ;
    George Revill, *Railway*, London : Reaktion 2012, p. 143–148. Cet écho crée un public
    pour des avertissements sévères comme le livre du Dr Eugène Chapus, *Voyageurs,
    prenez garde à vous !* (1877) ; cf. Caron, *Histoire des chemins de fer en France* (n. 3),
    p. 613–617.
18  Ibid., p. 232–239, 262.
19  Ibid., p. 55, 237.

Si Giffard pense qu'une agression en wagon peut toujours survenir, il juge en revanche peu probable une séduction dans la solitude du compartiment, contrairement à la « petite dame au revolver » qui prend garde à un tel danger ; à son avis, le compartiment de « dames seules », introduit en 1863, n'est pas indispensable, à quoi semblent souscrire maintes dames « réfractaires » qui évitent cette zone protégée à l'intérieur du train.[20] Car il soutient qu'une jolie femme « est sûre de n'être jamais seule ni en tête à tête avec un seul homme », puisqu'« il y en a toujours deux ou trois dans son compartiment » ; de même, un jeune couple en voyage a beaucoup de difficultés à rester seul, étant donné qu'il est toujours importuné par un « monsieur qui aime reposer ses yeux sur un objet aimable [et] vient occuper le troisième coin du wagon »[21]. Dans le train, l'intimité des amants semble aussi difficile à défendre que la solitude du rêveur. Si l'on veut se servir de ce moyen de transport à des fins amoureuses, il est donc préférable de simuler un voyage en train au lieu de le faire réellement, par exemple en jouant la scène du « faux départ » pour s'éloigner du mari abandonné sur le quai et se rapprocher de l'amant qui attend près de la gare.[22] La seule forme de séduction en wagon qui d'après Giffard arrive à ses fins, c'est celle que pratique l'« hétaïre ambulante » sur la ligne Paris–Lyon : prenant place à côté d'un monsieur qu'elle ne cesse de frôler pendant le voyage, « tangente tantôt par un point, tantôt par un autre », elle réussit à le charmer à tel point qu'il l'accompagne après l'arrivée du train.[23]

Les transgressions érotiques que le guide de Giffard limite aux courtisanes ferroviaires et les transgressions violentes qu'il n'évoque qu'indirectement prennent une importance toute différente quand il est question d'un compartiment de chemin de fer dans les fictions de ses contemporains naturalistes. Ceci peut se voir par exemple dans un récit de Strindberg où la « cellule de tortures » d'un wagon bondé stimule les fantasmes « d'un bon meurtre, d'un viol ou d'un inceste »[24]. Une dynamique du compartiment plus spectaculaire encore se manifeste dans les nouvelles de Maupassant et dans *La bête humaine* de Zola.

---

20  Ibid., p. 44, 56.
21  Ibid., p. 40, 224–225.
22  Ibid., p. 219.
23  Ibid., p. 220–221.
24  August Strindberg, *Sensations détraquées* (1894), Paris : Éditions du Chemin de fer 2016, p. 11–12 ; pour une citation plus étendue, voir l'épigraphe de cet article.

## Un théâtre propice à l'escalade

On connaît la prédilection de Maupassant pour la nouvelle ferroviaire, et l'on conçoit aisément qu'elle remonte à une affinité profonde entre le voyage en train et la forme brève qui se prête à être lue en wagon et qui, comme l'a remarqué Alberto Savinio, produit une « impression de claustration » semblable[25]. Mais cette analogie générale se manifeste surtout dans les nouvelles dont l'action se situe dans un compartiment.[26] Dans celles-ci, le naturaliste normand s'intéresse – de même que Giffard – en premier lieu à la dimension sociale du chemin de fer ; comme ses personnages ne sont jamais seuls en wagon, toute leur attention est prise par leurs compagnons de voyage au détriment de l'espace parcouru. Les deux amis qui, dans *Les sœurs Rondoli*, prennent le rapide pour Gênes ne se préoccupent du paysage méditerranéen qu'au moment où une luciole entre par la fenêtre du wagon et se pose dans les cheveux de la jeune femme qui leur fait face dans le compartiment.[27] Or, chez Maupassant, une telle interaction mise en marche par le train se place presque toujours sous le signe d'une transgression violente ou érotique qu'une sociabilité rituelle maîtrise à peine.

*En voyage* en est sans doute l'exemple le plus éloquent.[28] Dans cette nouvelle publiée en 1883, tout se passe dans un compartiment, quel que soit le niveau narratif. Au niveau intradiégétique, il est question d'un groupe de vacanciers qui rentrent de la Côte d'Azur à Paris. Dans le wagon, qui est « au complet depuis Cannes », on se raconte des anecdotes pour se divertir pendant le voyage. Cet échange convivial semble d'autant plus facile que tous les voyageurs se connaissent quoiqu'ils viennent de différentes villégiatures, comme s'il s'agissait non d'un train de grande ligne, mais d'un omnibus parisien où les passagers se rencontrent tous les jours.[29] Au niveau hypodiégétique, c'est-à-dire celui des histoires qu'on échange, il s'agit encore de rencontres ferroviaires qui, elles, ont pourtant eu lieu dans la plus grande solitude. La plupart de ces anecdotes se

25  Alberto Savinio, *Maupassant et l'« Autre »* (1944), Michel Arnaud (trad.), Paris : Gallimard 1977, p. 38.

26  Cf. Alain Buisine, « Paris – Lyon – Maupassant », dans : Jacques Lecarme / Bruno Vercier (éds.), *Maupassant. Miroir de la nouvelle*, Paris : Presses Universitaires de Vincennes 1988, p. 17–38.

27  Guy de Maupassant, « Les sœurs Rondoli » (1884), dans : Id., *Contes et nouvelles*, Louis Forestier (éd.), Paris : Gallimard 1974–1979, t. 2, p. 133–161, ici : p. 144.

28  Guy de Maupassant, « En voyage » (1883), dans : Id., *Contes et nouvelles*, t. 1, p. 810–815.

29  Une rencontre quotidienne en omnibus est le point de départ de la nouvelle « Le père », dans : Maupassant, *Contes et nouvelles*, t. 1, p. 1071–1079.

réfèrent à des crimes perpétrés ou supposés dans le cloisonnement d'un wagon. Lorsque le train passe Tarascon, on évoque d'abord un « mystérieux et insaisissable meurtrier » qui y a assassiné dernièrement plusieurs voyageurs ; puis on raconte à tour de rôle « des histoires effrayantes de mauvaises rencontres, des tête-à-tête avec des fous dans un rapide, des heures passées en face d'un personnage suspect ». À tous ces sinistres « drames de chemin de fer » – auxquels Maupassant en ajoutera un autre, particulièrement atroce, dans ses *Notes d'un voyageur*[30] – s'oppose en guise de contre-exemple la « singulière aventure de chemin de fer » qu'un médecin conte de seconde main, la seule d'ailleurs que le narrateur extradiégétique juge digne d'être rapportée en détail. Cette histoire commence également comme celle d'un crime sanglant, mais se transforme ensuite en celle d'un amour fou. Une des clientes du médecin, une comtesse russe gravement malade, avait pris le train de Pétersbourg à Menton pour se reposer au bord de la mer ; mais à peine partie, elle avait vu un homme inconnu faire irruption dans son coupé solitaire pendant que le train roulait à toute vitesse, juste au moment où elle était en train de compter son argent. Cependant, l'intrus entré par le marchepied l'avait calmée en lui expliquant qu'il n'était pas un malfaiteur, mais un malheureux persécuté par les sbires du Tsar, et elle l'avait sauvé en le déguisant en domestique avant de franchir la frontière de l'Empire. De cette rencontre nocturne était né un grand amour à distance et sans paroles que seule la mort prématurée de la comtesse avait pu terminer. L'histoire de cette passion hors les normes finit par faire pleurer tellement une femme écoutant le docteur qu'on change de sujet pour la calmer. La conversation rituelle des voyageurs partageant le même compartiment n'est donc pas entièrement à l'abri des transgressions qu'elle évoque : si elle peut chasser la peur d'un assassinat en wagon, elle peut aussi conjurer le bonheur d'un amour intransigeant qu'on n'a pas eu la chance ou le courage d'expérimenter soi-même.

Dans le cas d'*En voyage*, la mise en récit de la dynamique du compartiment paraît toutefois assez simple parce que l'événement transgressif et l'échange rituel relèvent de deux niveaux narratifs différents. Le conte *Un duel*, paru dans la même année, présente un cas plus complexe ; il met sur le même plan un affrontement violent qui éclate pendant un voyage en train et la domestication rituelle de cet affrontement, rendue possible par la cadence rigoureuse du déplacement sur la voie ferrée.[31] L'action se déroule peu après la guerre franco-allemande

---

30  Guy de Maupassant, « Notes d'un voyageur » (1884), dans : Id., *Contes et nouvelles*, t. 1, p. 1173–1177, ici : p. 1177.
31  Guy de Maupassant, « Un duel » (1883), dans : Id., *Contes et nouvelles*, t. 1, p. 947–951.

dans un wagon roulant vers la Suisse où le marchand parisien M. Dubuis veut rejoindre sa famille, envoyée là-bas avant l'invasion. Par la portière, cet ancien soldat de la garde nationale aperçoit enfin les militaires prussiens qu'il n'avait jamais vus en montant la garde sur les remparts de la capitale. Contrairement à deux touristes anglais qui voyagent dans le même compartiment et sont « venus pour voir » les lieux de la guerre « de leurs yeux tranquilles et curieux », il regarde « avec une terreur irritée » les nouveaux maîtres de sa patrie. Cette différence de perspectives devient encore plus flagrante quand tout à coup, dans la gare d'une petite ville, un officier prussien monte « avec son grand bruit de sabre sur le double marchepied du wagon ». Cette apparition fracassante a une forte valeur prémonitoire, car le nouveau compagnon de voyage commence tout de suite à provoquer le protagoniste. Il ne se contente pas de dénigrer la France en général et le voyageur français en particulier en lui infligeant la commission humiliante d'aller chercher du tabac dans une gare en ruines ; il ne respecte pas non plus la distance qui le sépare de celui-ci, puisque, à peine assis, il se renverse sur le dos « en étendant ses longues jambes », jusqu'à ce que ses bottes touchent la cuisse du marchand blotti dans son coin. M. Dubuis essaie de se dérober au conflit en changeant de compartiment au prochain arrêt, juste avant que le train se remette en marche ; mais cette manœuvre digne d'une course-poursuite vaudevillesque ne mène à rien, parce que dans la gare suivante l'officier monte à nouveau dans son compartiment et s'assied en face de lui. Sous les yeux des touristes qui l'ont suivi à leur tour, la provocation verbale et corporelle aboutit à une bagarre brutale dans laquelle le marchand corpulent faillit assommer son adversaire vantard. Alors, celui-ci insiste à se battre en duel sur les remparts de Strasbourg où le train entre en gare à ce moment ; le Français accepte, bien qu'il n'ait jamais tenu un pistolet, et tue le Prussien en tirant « au hasard », avant de regagner au dernier moment son compartiment en compagnie des deux Anglais qui lui ont servi de témoins. Même si elle culmine en dehors du train, l'histoire de M. Dubuis est une aventure entièrement ferroviaire. Elle commence en wagon, sous la forme d'une reprise en miniature de la guerre franco-allemande qui est attisée par l'isolement des combattants et par la curiosité insatiable de deux touristes spectateurs. En outre, l'aventure se déroule au rythme d'un voyage en chemin de fer. L'escalade de la dispute initiale correspond aux arrêts du train : elle se transforme en combat corporel lorsque tous se retrouvent dans le compartiment voisin ; et elle se termine par un duel mortel parce que la halte prolongée dans la gare de Strasbourg permet de trouver en peu de temps un lieu extraterritorial et des témoins pour cette forme cérémonielle du conflit privé. Au fond, c'est grâce à cette dernière interruption due à l'horaire du train que la violence croissante de la guerre en miniature ne débouche pas sur un homicide en wagon. Or, ce dénouement aurait été un crime justiciable, contrairement au duel dont le vainqueur reste impuni.[32] Pour le protagoniste, la voiture à compartiments qui le transporte à travers la France défaite est donc à la fois un mal et un remède : si elle stimule un corps à corps violent, elle le range en même temps dans un cadre spatio-temporel qui permet de le résoudre de manière rituelle.

Une mise en scène encore plus intrigante du huis clos ferroviaire distingue la nouvelle *Rencontre*, publiée un an plus tard.[33] Ici, le compartiment est le théâtre non d'une agression, mais d'une séduction qui n'a pourtant pas lieu. Une rencontre imprévue dans le rapide Paris–Marseille réunit pour une seule nuit un couple marié qui ne s'est pas vu depuis longtemps. Il y a six ans que le baron Raymond d'Étraille s'est séparé à l'amiable de sa jeune femme Berthe après l'avoir surprise « par hasard » dans les bras d'un autre, sous condition de garder les apparences et d'éviter un scandale ; entretemps, il a voyagé beaucoup « pour éviter des rencontres », à la manière du protagoniste déçu de *L'éducation sentimentale*. Mais par un autre « hasard bien singulier » il croise son épouse perdue de vue depuis la séparation dans un coupé qu'il gagne au dernier moment à la gare de Lyon pour se rendre à Nice. Toutefois, il tarde à la reconnaître, puisque d'abord il n'aperçoit qu'une personne enveloppée de fourrures et de manteaux dans le fauteuil au fond du compartiment ; et même le lendemain matin, quand il découvre enfin qu'il s'agit d'une femme ressemblant étrangement à la sienne, il reste toujours perplexe, car il lui semble que c'est « une autre et […] elle en même temps », que ce sont « deux femmes en une mêlant une grande part d'inconnu nouveau à une grande part de souvenir aimé ». Cette *anagnorisis* douteuse résulte d'un embellissement extraordinaire de Berthe qui contraste avec la dégradation manifeste de l'apparence extérieure du baron. Se rendant compte de ce changement inégal, Raymond pense à monter dans un autre wagon pendant un arrêt en gare, mais se décide à reprendre sa place et à lier conversation avec sa compagne de voyage. La conversation prend pourtant un cours assez asymétrique : tandis qu'il exalte les charmes nouveaux de son épouse et se rapproche d'elle en s'asseyant sur le fauteuil du milieu, celle-ci constate sèchement et sans le regarder

---

32 Sur l'attitude ambivalente de Maupassant par rapport au duel qu'il considère en général comme une « nécessité stupide », mais dans certains cas particuliers comme une forme « compréhensible » de régler un conflit privé, voir sa préface au livre de Ludovic de Vaux, *Les tireurs au pistolet* (1883), citée dans : Maupassant, *Contes et nouvelles*, t. 1, p. 1578.

33 Guy de Maupassant, « Rencontre » (1884), dans : Id., *Contes et nouvelles*, t. 1, p. 1231–1238.

qu'il a beaucoup perdu. Sa tentative galante de lui faire la cour, voire de la séduire dans la solitude du coupé s'avère donc tout de suite infructueuse, de sorte que le baron essuie le même échec que « ce cochon de Morin » et d'autres protagonistes maupassantiens qui comptent abuser d'un tête-à-tête dans une chambre roulante.[34] Son ultime recours est d'insister sur son droit de mari et d'exiger le retour de sa femme à la maison. Mais il n'a pas compté avec un aveu surprenant que la baronne lui fait juste avant qu'elle descende à Marseille où elle est attendue par deux amies : quand la portière s'ouvre déjà, elle confesse qu'elle craigne d'être enceinte. La rencontre fortuite en wagon aurait donc été arrangée par elle afin de pouvoir justifier sa grossesse par un tête-à-tête nocturne avec son époux, témoigné par le comité d'accueil. Comme Berthe prend congé à toute vitesse, Raymond reste seul avec ses doutes concernant cette révélation. La grossesse est-elle une vérité ou un pieux mensonge, énoncé en légitime défense contre un mari recourant à la force ? Est-ce que l'intrigue du coupé a été préparée de longue main par elle ou simplement improvisée après avoir reconnu le compagnon de voyage entré par hasard dans son compartiment ? Le protagoniste l'ignorera toujours, ainsi que le lecteur. La seule certitude est que les autres peuvent croire à une nuit d'amour dans le coupé alors qu'il n'en est rien.

L'intrigue boulevardière qui se profile à la fin de *Rencontre* montre une fois de plus que Maupassant considère la dynamique du compartiment avant tout comme un fait social : elle résulte d'un lieu clos sujet à un horaire précis, mais presque sans rapport avec l'ensemble machinique du chemin de fer.[35] Seulement dans la nouvelle *En wagon* il est question de la « trépidation frémissante » du train qui en l'occurrence précipite un accouchement en wagon.[36] À part cela, la vibration si caractéristique des personnages maupassantiens ne provient jamais

---

34 Cf. Guy de Maupassant, « Ce cochon de Morin » (1882), dans : Id., *Contes et nouvelles*, p. 641–652, ici : p. 642–643 ; « Un échec » (1885), dans : Maupassant, *Contes et nouvelles*, t. 2, p. 498–505, ici : p. 502–503. Dans le premier conte, il s'agit d'une tentative de vol en wagon, dans le deuxième d'une séduction ratée en diligence. À propos de ces contes, voir Jean Pierrot, « Espace et mouvement dans les récits de Maupassant », dans : Joseph-Marc Bailbé / J.P. (éds.), *Flaubert et Maupassant. Écrivains normands*, Rouen / Paris : Publications de l'Université de Rouen / Presses Universitaires de France 1981, p. 167–196, ici : p. 187–188.

35 Sur cet ensemble qui comprend la locomotive et l'infrastructure ferroviaire, voir Schivelbusch, *Histoire du voyage en train*, chap. 2.

36 Guy de Maupassant, « En wagon » (1885), dans : Id., *Contes et nouvelles*, t. 2, p. 478–484, ici : p. 480.

de la trépidation d'une voiture attelée à une locomotive en marche.[37] Si le protagoniste d'*Un duel* « souffl[e] autant que la machine », c'est une conséquence
de son propre effort, non de la force qui le transporte pendant la bagarre.[38] Et
si le nouvelliste si épris du ferroviaire parle dans une chronique de machines
« monstrueuses », il se réfère à la production des locomotives dans l'usine, non
à leur fonctionnement sur les rails.[39] C'est à son confrère Zola qu'il incombe
de mettre en rapport la dynamique du wagon à compartiments et celle de la
machine à vapeur.

## Une cage aux fauves roulante

Ce n'est que dans les derniers romans des *Rougon-Macquart* qu'on se déplace
en train. L'escouade de Jean Macquart va au front de la guerre franco-allemande
dans un wagon à bestiaux ; et Clotilde Rougon, alarmée par une dépêche du
docteur Pascal, rentre à Plassans dans un compartiment de dames seules.[40] Mais
seulement dans *La bête humaine*, le dix-septième roman du cycle paru en 1890,
le compartiment compte parmi les lieux principaux de l'action, même si le protagoniste Jacques Lantier, mécanicien de son métier, voyage presque toujours dans
la locomotive. Une fois, cependant, il monte dans un compartiment de première
classe, résolu d'en faire le théâtre d'un crime sanglant. Cette scène rarement
commentée[41] a lieu un matin d'hiver à Paris, presque un an après l'assassinat
en wagon du président Grandmorin par lequel commence l'action du roman.
L'enquête judiciaire menée sur ce crime ne révèle jamais qu'il a été commis
par Roubaud, sous-chef de gare au Havre, et sa femme Séverine qui, dans son
adolescence, avait été séduite par son protecteur Grandmorin, l'administrateur
de la compagnie de chemin de fer où travaillent son mari et Lantier. En tant
que seul témoin du meurtre qui ne chargera pourtant personne, ce dernier a

---

37  Cf. Philippe Hamon, « Maupassant et la vibration », dans : Mario Petrone / Maria
    Cerullo (éds.), *Actualité de l'œuvre de Maupassant au début du xxi$^e$ siècle*, Napo-
    li : Università degli Studi di Napoli 2009, p. 197–221, ici : p. 213 : « La répétition
    mécanique est l'antithèse de la vibration ».
38  Maupassant, « Un duel », p. 951.
39  Guy de Maupassant, « Au Creusot » (1883), dans : *Chroniques*, Henri Mitterand (éd.),
    Paris : Librairie générale française 2008, p. 637–642, ici : p. 638.
40  Pour ces épisodes de *La débâcle* (1892) et du *Docteur Pascal* (1893), voir Émile Zola,
    *Les Rougon-Macquart*, Henri Mitterand (éd.), Paris : Gallimard 1960–1967, t. 5,
    p. 436–437, p. 1183–1184.
41  Cf. cependant Philippe Hamon, *« La bête humaine » d'Émile Zola*, Paris : Gallimard
    1994, p. 51.

fait la connaissance de Séverine et est devenu son amant. Pour quelques mois, cette liaison adultère a calmé la folie homicide dont Jacques souffre souvent en présence d'une femme et qui – comme l'a souligné Gilles Deleuze – ne provient pas uniquement de la « petite hérédité » pathologique des Rougon-Macquart, mais également de la « grande hérédité » d'une pulsion de mort atavique.[42] Or, dans la scène dont il s'agit ici, la pulsion meurtrière vient le hanter à nouveau, au bout d'une nuit d'amour avec Séverine ; et pour la détourner de sa maîtresse, il poursuit une jeune passante inconnue qu'il a croisée près de la gare Saint-Lazare et filée jusque dans le train qu'elle prend pour Auteuil.[43]

Au mécanicien redevenu une « bête carnassière en quête de sang », le compartiment semble un lieu favorable à l'assouvissement de son sinistre désir. Assis à côté de sa victime désignée, « le couteau au poing, caché derrière sa cuisse », il attend le passage d'un tunnel pour lui donner le coup mortel dans l'obscurité subite ; comme il connaît parfaitement le trajet, il sait calculer avec précision l'instant décisif. Cependant, plusieurs tunnels se succèdent sans qu'il passe à l'acte ; car peu à peu, il se rend compte de quelques obstacles qui le font hésiter. En étudiant de près sa voisine, il découvre d'abord certains détails vestimentaires qui risquent de compliquer le coup de couteau, en particulier un gros médaillon d'or qu'elle porte au cou. Mais plus importants encore s'avèrent les obstacles sociaux. À peine assise, la jeune femme est reconnue par une vieille dame qui est montée avec elle et son persécuteur ; et au cours de la conversation entamée sans délai, elle fait preuve d'un tel « besoin d'expansion » qu'elle se tourne même vers le tiers inconnu qui s'en trouve quelque peu distrait de son noir projet, tout en voyant le médaillon protecteur s'écarter au profit de celui-ci. Il y renonce enfin quand à la station du Trocadéro un autre passager encore plus gênant entre dans le compartiment, un employé de la compagnie qui le reconnaît et lui parle du service ferroviaire. Ainsi, le meurtre dans un tunnel est contrarié par une ambiance de plus en plus conviviale qui rappelle celle d'*En wagon* ; une fois de plus, l'échange rituel s'oppose à l'acte transgressif. Le crime que le protagoniste a dû reporter n'aura lieu que quelques mois plus tard, quand il poignarde sa maîtresse dans la maison de Grandmorin à la Croix-de-Maufras, un village coupé en deux par la voie ferrée de la ligne de l'Ouest. Là, le coup de couteau n'est plus entravé par le bruit parasite d'une conversation ; il y est au contraire encouragé par le

---

42　Cf. Gilles Deleuze, « Zola et la fêlure », dans : Id., *Logique du sens*, Paris : Minuit 1969, p. 373–386.

43　Zola, *La bête humaine* (1890), dans : Id., *Les Rougon-Macquart*, t. 4, p. 1210–1212.

tonnerre d'un express passant tout près, de sorte que Séverine meurt « comme foudroyé dans cette tempête » machinique.[44]

Or, ce coup en quelque sorte rattrapé, qui n'a pas frappé la victime substitutive dans le compartiment, est calqué sur un crime ferroviaire perpétré de fait, à savoir le meurtre de Grandmorin dont l'investigation a rapproché Jacques de Séverine, mais dont l'exécution ne lui a été expliquée que bien plus tard par celle-ci, juste avant le meurtre raté en wagon. Le retour de sa folie homicide résulte donc du « récit de meurtre » fait par sa concubine et qui éclaircit en détail un assassinat presque aussi invraisemblable que celui de la rue Morgue.[45] Le lieu de ce crime non élucidé par la justice – et finalement imputé à un autre – est un coupé réservé dans un wagon de première classe, ajouté au dernier moment à l'express du soir pour Le Havre. Le rallongement extraordinaire du train correspond à une directive du président ayant reçu un billet de Séverine dictée par Roubaud, dans lequel elle lui promet un nouveau tête-à-tête à la Croix-de-Maufras où son protecteur a jadis abusé d'elle. Pour Grandmorin, le coupé de luxe où il monte incognito est pour autant le lieu d'un plaisir préliminaire ; l'annonce d'un nid d'amour bien caché d'où il compte rentrer le soir suivant, une fois l'adultère accompli. Mais le couple Roubaud l'a seulement persuadé de s'y rendre pour pouvoir le tuer pendant le voyage, dans un long tunnel situé entre les gares de Rouen et Barentin, juste avant le passage de la Croix-de-Maufras.[46] Ce meurtre décidé le jour même du départ, après la découverte tardive de l'abus par Roubaud, est tout le contraire d'un crime parfait : « s'il a réussi, c'est bien le hasard qui l'a voulu », remarque Séverine à propos du coup mené par son mari.[47] D'abord, il est horriblement mal préparé. Dans le train en partance de la gare Saint-Lazare, les Roubaud choisissent en toute hâte un compartiment qui pour deux raisons ne correspond guère à leur dessein. D'un côté, il est déjà occupée par une femme immobile et muette qu'ils aperçoivent trop tard et à laquelle se joint encore un couple arrivé au dernier moment ; ils se trouvent donc en présence de trois témoins possibles, et c'est seulement grâce à l'imprévisible descente simultanée de ceux-ci à la gare de Rouen qu'ils peuvent changer de wagon jusqu'à Barentin sans éveiller des soupçons. De l'autre côté, le compartiment des Roubaud est séparé du coupé de

---

44  Ibid., p. 1297.

45  Cf. ibid., p. 1197–1204.

46  Afin de rendre le tunnel plus long et plus dramatique, Zola a fondu deux tunnels réels situés à cet endroit en un seul. Cf. J. W. Scott, « Réalisme et réalité dans *La bête humaine*. Zola et les chemins de fer », dans : *Revue d'histoire littéraire de la France* 63 (1963), p. 635–643, ici : p. 638.

47  Zola, *La bête humaine*, p. 1198.

Grandmorin par trois voitures, de sorte que le double déplacement dans le train s'avère difficile. Mais le couple bénéficie encore du hasard : à Rouen, leur entrée dans le coupé passe inaperçue parce que sur le quai se bouscule une foule attirée par une fête au Havre ; et avant d'arriver à Barentin, ils réussissent à regagner leur compartiment désormais vide sur le marchepied des trois wagons intermédiaires en pleine marche, sans être vus par les voyageurs en liesse visibles derrière les portières. Ce retour des deux criminels du lieu du crime, digne d'un film ferroviaire d'action, paraîtra si invraisemblable au juge d'instruction qu'il refusera « d'admettre un va-et-vient de leur wagon à celui du président, dont les séparaient trois autres voitures, cela pendant les quelques minutes du trajet, lorsque le train était lancé à toute vitesse »[48] ; surtout le fait que personne dans ces voitures n'ait rien remarqué repose sur une coïncidence incroyable, celle d'une transgression meurtrière avec une effervescence rituelle qui en efface les traces. Ce concours de circonstances semble d'autant plus nécessaire que le crime mal préparé est, en outre, mal exécuté. Même si Roubaud, un cheminot modèle menant une « existence d'horloge »[49], a exactement calculé le moment du crime pour éviter des témoins, il hésite si longtemps à tuer Grandmorin que, malgré l'assistance de Séverine, le coup mortel est porté quand le train est déjà sorti du tunnel. À cause de ce retard dramatique, le crime a lieu justement à la Croix-de-Maufras où Jacques, qui s'y promène par hasard, peut entrevoir la scène sanglante. Sa vision fugitive du crime, semblable à un instantané photographique, reste pourtant trop fragmentaire pour faire un témoignage utile devant la justice.[50] C'est seulement grâce au récit de Séverine qu'il réussit à reconstituer après coup la scène entière, marquée par une violence extrême. D'après ce récit, la bestialité du meurtre égale sa complicité avec le milieu ferroviaire. Roubaud n'a pas seulement tué le « cochon » de Grandmorin – bien plus exécrable que « ce cochon de Morin » – comme on saigne une bête à l'abattoir, prenant pour ainsi dire à la lettre l'injure métaphorique.[51] Il l'a tué aussi sous le coup d'une « trépidation violente », happée en quelque sorte par les secousses permanentes qu'émet un train roulant à toute

---

48  Ibid., p. 1087.
49  Ibid., p. 1134.
50  Cf. Irene Albers, *Sehen und Wissen. Das Photographische im Romanwerk Émile Zolas*, München : Fink 2002, p. 300–336 ; Yvonne Bargues Rollins, « Une minute, une seconde, un quart de seconde : vision photographique dans : *La bête humaine* d'Emile Zola », dans : *Romantisme* 135 (2007), p. 87–97.
51  Zola, *La bête humaine*, p. 1202, cf. p. 1068 et 1100. Sur l'importance de la métaphore animale, qui dans le conte *Ce cochon de Morin* de Maupassant n'est guère élaborée, voir Geoff Woollen, « Des brutes humaines dans *La bête humaine* », dans : Id. (éd.),

vapeur.[52] Au moment du crime, les limites qui séparent les règnes de l'humain, de l'animal et de la mécanique semblent avoir disparu complètement. Ce n'est pas pour rien que la complice et la narratrice de l'assassinat compare le grondement des roues du wagon à « un affreux tumulte de voix enragées et gémissantes », à « des plaintes lugubres de bêtes hurlant à la mort ».[53]

À lire ce sidérant « récit de meurtre », on voit bien que la mise en récit de la dynamique du compartiment varie de manière considérable chez les naturalistes. Tandis que Maupassant évoque des transgressions en wagon pour conter leur domestication rituelle ou leur simulation théâtrale, Zola les met en rapport avec le milieu machinique du train entier qui transparaît même dans l'intérieur confortable d'un coupé de première classe. En mesurant la violence impersonnelle de ce milieu, sensible par une trépidation permanente, il ne restreint nullement le comportement transgressif au « mécanicien fou » qui figure déjà dans la typologie ferroviaire de Giffard[54], mais l'étend à d'autres personnages du roman, exempts de la tare héréditaire des Rougon-Macquart. Si le compartiment de Maupassant est avant tout une arène ou une scène de théâtre, celui de Zola est une chambre à l'intérieur d'une grande machine roulante dont la véhémence n'épargne aucun des protagonistes de La bête humaine.

## Bibliographie

ALBERS, Irene, Sehen und Wissen. Das Photographische im Romanwerk Émile Zolas, München : Fink 2002.

BARGUES ROLLINS, Yvonne, « Une minute, une seconde, un quart de seconde : vision photographique dans La bête humaine d'Emile Zola », dans : Romantisme 135 (2007), p. 87–97.

BAROLI, Marc, Le train dans la littérature française (1963), Paris : N. M. ³1969.

---

« La bête humaine ». Texte et explications, Glasgow : Glasgow University Press 1990, p. 149–175 ; Hamon, « La bête humaine » d'Émile Zola, p. 91–121.

52  Ibid., p. 1203. Sur cet impacte tactile du train qui en fait une « machine meurtrière », cf. Jacques Noiray, Le romancier et la machine. L'image de la machine dans le roman français (1850-1900), Paris : José Corti 1981, t. 1, p. 437–440. À propos du lien étroit entre l'infrastructure ferroviaire et l'action violente de La bête humaine, voir aussi Michel Serres, Feux et signaux de brume. Zola, Paris : Grasset 1975, p. 130–162.

53  Ibid., p. 1200.

54  Giffard, La vie en chemin de fer, p. 128 : « Un mécanicien [...] devenant fou, jetant son chauffeur sur la voie et brûlant à toute vapeur les stations où il doit s'arrêter, brûlant les signaux, brûlant les aiguilles, tout... ».

BUISINE, Alain, « Paris – Lyon – Maupassant », dans : Jacques Lecarme / Bruno Vercier (éds.), *Maupassant. Miroir de la nouvelle*, Paris : Presses Universitaires de Vincennes 1988, p. 17–38.

CARON, François, *Histoire des chemins de fer en France 1740–1883*, Paris : Fayard 1997.

DELEUZE, Gilles, « Zola et la fêlure », dans : Id., *Logique du sens*, Paris : Minuit 1969, p. 373–386.

DRUBEK-MEYER, Natascha, « Kamera-Aggressionen : Technisch-erotische Annäherungen im frühen britischen Film (1895–1901) », dans : Aage Hansen-Löve et al. (éds.), *Ankünfte. An der Epochenschwelle um 1900*, München : Fink 2009, p. 267–282.

GASTINEAU, Benjamin, *La vie en chemin de fer*, Paris : Dentu 1861.

GIFFARD, Pierre, *La vie en chemin de fer*, illustré par Albert Robida, Paris : Librairie illustrée 1888.

HAMON, Philippe, « *La bête humaine* » *d'Émile Zola*, Paris : Gallimard 1994.

HAMON, Philippe / Viboud, Alexandrine (éds.), *Dictionnaire thématique du roman de mœurs en France (1814–1914)*, Paris : Presses de la Sorbonne Nouvelle 2008.

HAMON, Philippe, « Maupassant et la vibration », dans : Mario Petrone / Maria Cerullo (éds.), *Actualité de l'œuvre de Maupassant au début du xxi*[e] *siècle*, Napoli : Università degli Studi di Napoli 2009, p. 197–221.

LEFÈVRE, Pol-Jean / Cerbelaud, Georges, *Les chemins de fer*, Paris : Quantin 1889.

MAUPASSANT, Guy de, *Contes et nouvelles*, Louis Forestier (éd.), Paris : Gallimard 1974–1979.

MAUPASSANT, Guy de, « Au Creusot » (1883), dans : Id., *Chroniques*, Henri Mitterand (éd.), Paris : Librairie générale française 2008, p. 637–642.

NITSCH, Wolfram, « Omnibus auf gekrümmter Trasse. Die amerikanische Eisenbahn », dans : *Weltnetzwerke – Weltspiele. Jules Vernes « In 80 Tagen um die Welt »*, « Passepartout » (éd.), Konstanz : Konstanz University Press 2013, p. 271–277.

NOIRAY, Jacques, *Le romancier et la machine. L'image de la machine dans le roman français (1850–1900)*, Paris : José Corti 1981.

PIERROT, Jean, « Espace et mouvement dans les récits de Maupassant », dans : Joseph-Marc Bailbé / J.P. (éds.), *Flaubert et Maupassant. Écrivains normands*, Rouen / Paris : Publications de l'Université de Rouen / Presses Universitaires de France 1981, p. 167–196.

REVERSEAU, Anne (éd.), *Sur les rails. De Victor Hugo à Jacques Roubaud*, Bruxelles : Les Impressions Nouvelles 2018.

REVILL, George, *Railway*, London : Reaktion 2012.

RICHTER, Amy G., *Home on the rails. Women, the railroad, ant the rise of public domesticity*, Chapel Hill : University of North Carolina Press 2005.

SAUGET, Stéphanie, *À la recherche des pas perdus. Une histoire des gares parisiennes*, Paris : Tallandier 2009.

SAVINIO, Alberto, *Maupassant et l'«Autre»* (1944), Michel Arnaud (trad.), Paris : Gallimard 1977.

SCHIVELBUSCH, Wolfgang, *Histoire des voyages en train* (1977), Paris : Le Promeneur 1990.

SCOTT, J. W., « Réalisme et réalité dans *La bête humaine*. Zola et les chemins de fer », dans : *Revue d'histoire littéraire de la France* 63 (1963), p. 635–643.

SERRES, Michel, *Feux et signaux de brume. Zola*, Paris : Grasset 1975.

STRINDBERG, August, *Sensations détraquées* (1894), Paris : Éditions du Chemin de fer 2016.

WOOLLEN, Geoff, « Des brutes humaines dans *La bête humaine* », dans : Id. (éd.), « *La bête humaine* ». *Texte et explications*, Glasgow : Glasgow University Press 1990, p. 149–175.

ZOLA, Émile, *Les Rougon-Macquart*, Henri Mitterand (éd.), Paris : Gallimard 1960–1967.

Fabian Schmitz

# La ritualité de la rencontre mondaine chez Proust. De la corporalité rituelle au rite conversationnel

**Abstract:** In Proust's novel, one finds countless representations of social rituals that become manifest in human behavior and conversation. This paper argues that these cannot be seen as a senseless set of monotonous repetitions. Instead, analyzing their ritual quality reveals both historical and social meanings and also divulges itself as serving a crucial poetic function.

Chez Marcel Proust, on est facilement tenté de voir des rituels partout : Que ce soit dans sa vie, par exemple, les fumigations excessives contre son asthme ou sa façon alimentaire de boire des litres de lait, ou dans *À la recherche du temps perdu*[1], par exemple « les rites de Combray » (RTP II, 309 et 317) de la famille du protagoniste que Françoise à tant chagrin d'abandonner et dont la figure emblématique est la tante Léonie dévouée à « son petit traintrain » (RTP I, 107) quotidien ou même le baiser maternel lors du *drame de coucher* qui est dans sa nécessité absolue et pénible jugé par le père comme des « rites absurdes » (RTP I, 13). Ces exemples souvent banals de la vie quotidienne font émerger la question pourquoi Proust les ritualise. Applique-t-il une conception cohérente du rite où est-elle liée à la perspective des personnages et sert à les caractériser ? Y-a-t-il d'autres exemples plus diversifiés qui mettent en lumière ce surcroît de signification que Proust y attache apparemment en leur attribuant un caractère rituel ?

La représentation de la mondanité dans la *Recherche* constitue un vaste fond pour étudier cette question. Un bel exemple en est l'épisode du premier grand événement mondain auquel le protagoniste est invité : le « Dîner chez les Guermantes » dans la partie *Le côté de Guermantes II* (RTP II, 709–840). Le salon de la duchesse Oriane de Guermantes est dans la hiérarchie mondaine de la *Recherche* le plus prestigieux de l'époque et représente ainsi, pour le protagoniste jeune et

---

1 Toutes les citations se réfèrent à l'édition de Marcel Proust, *À la recherche du temps perdu*, Jean-Yves Tadié (éd.), Paris : Gallimard 1987–89. Elles sont indiquées par le sigle RTP, le numéro du volume I–IV et le numéro de page.

bourgeois, un lieu imaginaire et fantasmatique de toutes ses ambitions sociales. À la fin de cette rencontre mondaine tant désirée que briguée par le protagoniste qui se dévoile ainsi comme snob,[2] celui-ci exprime dans sa perspective du je vivant[3] une certaine irritation dont il a bien du mal à se défaire :

> À plusieurs reprises déjà j'avais voulu me retirer, et, plus que pour toute autre raison, à cause de l'insignifiance que ma présence imposait à cette réunion, l'une portant de celles que j'avais longtemps imaginées si belles, et qui sans doute l'eût été si elle n'avait pas eu de témoin gênant. Du moins mon départ allait permettre aux invités, une fois que le profane ne serait plus là, de se constituer enfin en comité secret. Ils allaient pouvoir célébrer les mystères, pour la célébration desquels ils s'étaient réunis, car ce n'était pas évidemment pour parler de Frans Hals ou de l'avarice et pour en parler de la même façon que font les gens de la bourgeoisie. On ne disait que des riens, sans doute parce que j'étais là, et j'avais des remords, en voyant toutes ces jolies femmes séparées, de les empêcher, par ma présence, de mener, dans le plus précieux de ses salons, la vie mystérieuse du faubourg Saint-Germain. (RTP II, 832)

Après une centaine des pages sur le grand repas et de conversation mondaine, le protagoniste se sent comme le « témoin gênant », « le profane » qui a jusqu'à présent empêché le cercle illustre et aristocratique de « célébrer les mystères ». D'une part, le protagoniste cherche à attribuer à sa présence un certain effet – même négatif – sur cette rencontre mondaine, afin de rassurer son amour propre et de combattre le sentiment d'insignifiance mondaine qu'il éprouve en tant que snob. De l'autre, après avoir éprouvé la mondanité aristocratique dans son caractère pleinement superficiel qui le désillusionne,[4] il s'accroche néanmoins

---

2   Le snobisme est ubiquitaire chez Proust et concerne chaque membre de la société représentée. Il dépend de l'image négative de l'homme qui provient de la tradition moraliste du xviie siècle. Dans la hiérarchie sociale de la *Recherche*, personne n'est – ni le protagoniste, ni le narrateur – à l'abri de jeter soit un regard dédaigneux à quelqu'un qui est estimé de se trouver sous l'échelon sociale de soi-même, soit un regard convoiteux à celui qui se trouve là-dessus. Cf. Émilien Carassus, *Le snobisme et les lettres françaises de Paul Bourget à Marcel Proust*, Paris : Colin 1966, p. 523–600.

3   Pour simplifier mon argumentation en ce qui concerne le je autodiégétique de la *Recherche* je m'en tiens à la distinction du je vivant / je narrant, introduite par Leo Spitzer aux études proustiennes et qui a été plus élaboré en neuf instances narratives par Marcel Muller. Cf. Marcel Muller, *Les voix narratives dans la « Recherche du temps perdu »*, Genève : Droz 1965 ; et : Leo Spitzer, « Zum Stil Marcel Prousts », dans : Id., *Stilstudien II*, Darmstadt : Wissenschaftliche Buchgesellschaft 1961, p. 365–497.

4   Encore envahi par son étonnement incrédule, le protagoniste poursuit ses réflexions. Le clivage entre le « bon sens » qu'il doit mobiliser contre l'absurdité vécue de la mondanité renforce l'ironie de sa représentation : « Était-ce vraiment à cause de

par conviction naïve à ses illusions sur la vie du faubourg Saint-Germain qu'il projette au temps de son absence. S'il a passé bien un temps entouré par l'aristocratie, pour le protagoniste, le clivage social entre l'aristocratie et la bourgeoisie reste ironiquement évident. Sous l'effet de son amour-propre, il affirme son aveuglement et reconstitue donc cette opposition sociale qu'il traduit en termes du profane et du sacré. Le je vivant construit ce caractère saint de l'aristocratie mondaine autour de son opacité qui provoque ainsi la glorification de la rencontre mondaine solennelle par lui. Il reconnaît ainsi le caractère clos de l'aristocratie « en comité secret » qu'il ritualise pour faire de la mondanité l'objet de son désir snob. Pour cette raison, il faut être vigilant et ne pas tomber dans le piège de la perspective mystificatrice du jeune protagoniste de la *Recherche*, à laquelle pourtant le rituel n'adhère pas exclusivement.[5] Malgré la proximité entre les champs lexicaux de la « célébration », du « mystère » et du « rituel » dans la citation ci-dessus, rien n'indique que Proust en ferait un usage indifférencié. Tout au contraire, en ce qui concerne la notion du « rituel », il s'agit d'un usage assez restrictif de l'emploi de ce champ lexical. Dans la *Recherche*, la famille lexique du « rituel » se retrouve peu dans sa signification d'origine religieuse. Employée dans un sens sécularisé, elle se manifeste dans la description des interactions sociales dont la sociabilité mondaine fait partie ou les relations amoureuses qui en sont un autre exemple. Que l'on prenne Saint-Loup et ses amantes comme exemple ou Swann et Odette : à chaque fois, des rapports comportementaux et langagiers s'établissent qui pourraient être caractérisés comme rituels. Quand le protagoniste se retrait avec Albertine du monde, il développe – poussé par sa jalousie – également des pratiques, « ces habitudes [qui] étaient devenues machinales, mais comme ces rites dont l'Histoire essaye de retrouver la signification » (RTP III, 589). Ces schémas comportementaux, enfermant le couple dans son quotidien solitaire,

---

dîners tels que celui-ci que toutes ces personnes faisaient toilette et refusaient de laisser pénétrer des bourgeoises dans leurs salons si fermés ? Pour des dîners tel que celui-ci ? pareils si j'avais été absent ? J'en eus un instant le soupçon, mais il était trop absurde. Le simple bon sens me permettait de l'écarter. Et puis, si je l'avais accueilli, que serait-il resté du nom de Guermantes, déjà si dégradé depuis Combray ? » (RTP III, 833).

5    Stéphane Chaudier conclut son article soigné dans ce sens : « Telle serait la destination du rite, sa signification la plus profonde : porté par une passion qui ne consent à aucune limite, il est le dispositif par lequel un scénario fantasmatique s'approprie le monde – et donne au désir une dimension cosmique. » Stéphane Chaudier, « Proust et les rites », dans : *Cahiers électroniques de l'imaginaire* 3 : « Rite et littérature » (2005), p. 87–109, ici : p. 108s. En ligne : https://uclouvain.be/fr/instituts-recherche/incal/cri/cahiers-electroniques-de-l-imaginaire.html (récupéré le 27 mai 2018).

sont donc dans leur qualité rituelle des porteurs d'une signification qui est déjà devenue illisible pour eux-mêmes.

Comme l'aristocratie mondaine ou les couples amoureux, les homosexuels représentent un autre groupe social et clos qui est régi par des codes rituels. Que ce soit la chorégraphie de la rencontre de Charlus et Jupien (cf. RTP III, 8) ou les « rites secrets dans les ténèbres des catacombes » (RTP IV, 413) pendant la nuit des bombardements dans le souterrain du métro : ils témoignent d'un comportement apparemment signifiant qui reste pour le je vivant indéchiffrable. En dehors de cet usage social, le concept du rituel se retrouve aussi dans le contexte de l'art et maintient une notion de religion d'art. C'est surtout la performance des musiciens, les « rites de ces officiant » (RTP I, 342), qui font de la petite phrase du compositeur Vinteuil un événement exceptionnel. On peut donc constater qu'une certaine ritualité, qui reflète malgré le caractère restreint de son usage une portée ontologique des choses et des modèles de comportement, traverse les motifs centraux ainsi que les passages à valeur poétique de la *Recherche*.[6]

Un autre exemple mondain et 'rafraîchissant' est l'orangeade chez les Guermantes qui termine la grande réception et se trouve ainsi vers la fin de l'épisode mentionné, le « Dîner chez les Guermantes ». Le narrateur rattache à cette boisson obligatoire en fin de soirée estivale une qualité rituelle :

> De vieux amis de M. et Mme de Guermantes venaient les voir après dîner [...], sans être attendus, et prenaient l'hiver une tasse de tilleul aux lumières du grand salon, l'été un verre d'orangeade dans la nuit du petit bout de jardin rectangulaire. On n'avait jamais connu, des Guermantes, dans ces après-dîners au jardin, que l'orangeade. Elle avait quelque chose de rituel. Y ajouter d'autres rafraîchissements eût semblé dénaturer la tradition, de même qu'un grand raout dans le faubourg Saint-Germain n'est plus un raout s'il y a une comédie ou de la musique. (RTP II, 802)

Déclaré comme un élément indispensable et structurel d'une grande réception mondaine chez les Guermantes, le narrateur déduit de l'orangeade le déroulement typique d'une soirée. Il constate donc une structure spécifique et répétitive pour les rencontres mondaines dans la société du faubourg Saint-Germain qui ne connaît pas de variation, si ce n'est en raison de la saison. Le temps et le lieu influencent par leurs fonctions et leurs aspects caractéristiques le cadre de la réception mondaine. La tisane de tilleul comme boisson d'hiver, qui est ici repris comme exemple d'un rite mondain, transpose cette qualité rituelle en valeur poétique en renvoyant à la madeleine comme déclencheur initial de la mémoire involontaire et ainsi de l'écriture.

---

6    Cf. ibid., p. 91.

Je propose alors de poursuivre cette piste de réflexion sur la ritualité de la rencontre mondaine que Proust développe autour de cette première invitation du protagoniste chez les Guermantes. J'ébaucherai d'abord comment le narrateur réfléchit sur le moment initiatique de la rencontre, le geste de salut, comme une pratique corporelle ainsi que rituelle de la distinction aristocratique. Comment décrit-il le mouvement et quel potentiel y voit-t-il pour en créer un événement exceptionnel ? Par la suite, je montrerai comment la corporalité du geste de salut se transpose aussi dans la réflexion proustienne en corps de l'écriture épistolaire de la mondanité. La communication mondaine sera ainsi considérée comme une pratique rituelle qui, à part de s'épuiser en une répétition des clichés, donne une nouvelle perspective sur la conversation mondaine et lui attribue, contrairement à sa vacuité présupposée, davantage de signification. De là vient que Proust ne comprend pas le concept du rite comme une structure figée. Bien au contraire, le rituel offre un espace de l'expression personnelle qui se prête à en faire un usage et une forme artistique. En mettant finalement en question la fonction du concept de la ritualité tel qu'il est utilisé par Proust pour décrire la rencontre mondaine chez Proust, je tâcherai à développer une perspective sur sa représentation étendue de la société et sociabilité mondaine dans la *Recherche*.

## La rencontre mondaine : du salut à la conversation

Pendant son séjour à Balbec, le protagoniste rencontre par l'intermédiaire de sa grand-mère Mme de Villeparisis qui à son tour agit comme présentatrice pour qu'il fasse connaissance de son neveu, le marquis de Saint-Loup.[7] La recommandation joue un rôle structurel et indispensable pour entrer dans la mondanité ; néanmoins, la spécificité de l'espace – elle aussi – joue un rôle inéluctable dans cette rencontre première : « […] je les rencontrai tous deux dans un chemin si étroit qu'elle ne put faire autrement que de me présenter à lui » (RTP II, 90s.). Ce qui suit alors, est l'exécution du salut spécifique à Saint-Loup qui est dans son étrangeté exemplaire pour ce que l'on peut appeler le *rituel de salut des Guermantes* :

> Il ne sembla ne pas entendre qu'on lui nommait quelqu'un, aucun muscle de son visage ne bougea ; ses yeux où ne brilla pas la plus faible lueur de sympathie humaine, montrèrent simplement dans l'insensibilité, dans l'inanité du regard, une exagération à défaut de laquelle rien ne les eût différenciés de miroirs sans vie. Puis fixant sur moi ces

---

7    Jean Rousset met en évidence la structure itérative des rencontres chez Proust : Jean Rousset, « Les premières rencontres », dans : Gérard Genette / Tzvetan Todorov (éds.), *Recherche de Proust*, Paris : Seuil 1980, p. 40–54.

yeux durs comme s'il eût voulu se renseigner sur moi, avant de me rendre mon salut, par un brusque déclenchement qui sembla plutôt dû à un réflexe musculaire qu'à un acte de volonté, mettant entre lui et moi le plus grand intervalle possible, allongea le bras dans toute sa longueur, et me tendit la main, à distance. [...] Les premiers rites d'exorcisme une fois accomplis, comme une fée hargneuse dépouille sa première apparence et se pare de grâces enchanteresses, je vis cet être dédaigneux devenir le plus aimable, le plus prévenant jeune homme que j'eusse jamais rencontré. (RTP II, 91)

Dès le début, la négation de lui-même semble inscrite au rituel de salut de Saint-Loup. Celui-ci se donne tout d'abord l'allure de ne pas percevoir ni par l'oreille l'acte de la présentation, ni par ses yeux le présenté. Il reste comme *un miroir sans vie* et s'oppose à reconnaître convenablement son vis-à-vis et à s'engager dans cet acte social. Même le regard initial et enfin approbateur garde à cause de sa dureté une distance spatiale ainsi qu'affective. Contrairement à l'indifférence intentionnelle que montre Saint-Loup, la corporalité expressive du salut[8] semble combler la distance spatiale. Cependant, il s'agit d'une fausse impression, car il maintient cette distance en la traduisant en une dynamique spatiale qui, pourtant, n'est qu'une illusion. Dans son geste du salut, Saint-Loup n'exprime-t-il que la distinction aristocratique ? Au début irrité par ces mouvements inversés, le jeune protagoniste s'habitue à cette procédure rituelle et trouve dans la comparaison avec une « fée hargneuse [qui] dépouille sa première apparence » l'explication de son monde lettré et imaginaire qui caractérise le statut qu'il confère à Saint-Loup.[9] Il s'agit de ce phénomène qu'on peut appeler selon Gilles Deleuze *l'apprentissage des signes mondains* – ou d'une façon adaptée : *l'apprentissage des rituels mondains* dont le protagoniste fait l'expérience dans l'exemple du salut de Saint-Loup.[10] Mais l'interprétation du rituel de salut ne s'épuise pas dans une

---

8  Cf. Richard W. Saunders, *Metamorphoses of the Proustian Body. A Study of Bodily Signs in « A la recherche du temps perdu »*, New York et al. : Peter Lang 1994, surtout son chapître « The Mythic and Ritualistic Body of the Guermantes », p. 99–126.

9  De plus, il anticipe ainsi le caractère masqué et mouvementé de Saint-Loup qui se révèlera par la suite du roman. Cf. Gregor Schuhen, « Der bewegte Mann. Proust und die Ästhetik des verschwindenden Körpers », dans : Ursula Link-Heer et al. (éds.), *Literarische Gendertheorie : Eros und Gesellschaft bei Proust und Colette*, Bielefeld : transcript 2006, p. 177–199.

10 Gilles Deleuze décrit le signe mondain dans sa spécificité ainsi : « Le signe mondain apparaît comme ayant remplacé une action ou une pensée. Il tient lieu d'action et de pensée. C'est donc un signe qui ne revoie pas à quelque chose d'autre, signification transcendante ou contenu idéal, mais qui a usurpé la valeur supposée de son sens » (p. 12s.). Cf. Gilles Deleuze, *Proust et les signes*, Paris : Presses Universitaires de France [8]1993.

simple habitude mondaine particulière aux Guermantes qu'il doit apprendre. Ce rituel porte en soi une signification plus vaste dont je tenterai par la suite d'éclairer les ramifications.

Mais en quel sens s'agit-il dans ce geste, cette salutation, cette initiation courte à la rencontre mondaine, d'un de ces éléments fondamentaux et donc exemplaires dont on pourrait déduire une ritualité ? L'épisode du « Dîner chez les Guermantes » inspire cette fois au je narrant, une réflexion où il tente de différencier les manières mondaines des Guermantes de ceux de la famille Courvoisier et de décrire de manière générale ce qu'il a observé dans l'exemple du salut de Saint-Loup :

> Au moment où un Guermantes [...] entendait votre nom prononcé par le présentateur, il laissait tomber sur vous, comme s'il n'était nullement décidé à vous dire bonjour, un regard généralement bleu, toujours de la froideur d'un acier qu'il semblait prêt à vous plonger dans les plus profonds replis du cœur. [...] Tout ceci se passait à une distance de vous qui, petite s'il se fût agi d'une passe d'armes, semblait énorme pour une poignée de main et glaçait dans le deuxième cas comme elle eût fait dans le premier, de sorte que le Guermantes, après une rapide tournée accomplie dans les dernières cachette de votre âme et de votre honorabilité, vous avait jugé digne de vous rencontrer désormais avec lui, sa main, dirigée vers vous au bout d'un bras tendu dans toute sa longueur, avait l'air de vous présenter un fleuret pour un combat singulier, et cette main était en somme placée si loin du Guermantes à ce moment-là que, quand il inclinait alors la tête, il était difficile de distinguer si c'était vous ou sa propre main qu'il saluait. Certains Guermantes [...] exagéraient en recommençant cette cérémonie chaque fois qu'ils vous rencontraient. (RTP II, 736)

Dès le début d'une rencontre mondaine avec un Guermantes, son caractère clos est évident. Comme mentionné ci-avant, la figure du présentateur devient éminemment importante : Par la simple prononciation d'un nom qui équivaut une recommandation mondaine, il rend l'existence du prononcé visible à un Guermantes. Dans ce contexte, il est intéressant de regarder de plus près comment la perception de l'autre par le Guermantes se déroule : Elle commence par l'ouïe, se poursuit visuellement et se conclut avec le toucher, quand ils se serrent la main. Il s'agit donc d'un rapprochement sensoriel qui se traduit dans un mouvement spatial, qui est pourtant contrarié en même temps par ses modes d'exécution. D'une part, le regard « bleu » qui s'explique par les yeux bleus caractéristique pour la famille évoque aussi la distinction aristocratique de sang bleu et s'ajoute à une manière de scruter l'autre qui le dévoile dans son intimité pénible et décèle sa valeur sociale. D'autre part, il est accompagné par une sémantique guerrière qui met davantage au jour la grande ambivalence dans le mouvement vers l'autre, une sémantique qui se produit dans un jeu indéchiffrable de rapprochement et de mise à distances. Ce jeu du salut se poursuit dans le mouvement corporel qui accomplit un rapprochement vers l'autre pour lui serrer la main, tout en le gardant à distance d'une longueur d'un bras et se termine dans un geste autoréflexif par l'inclinaison paradoxale de la tête. L'expression corporelle souligne ainsi le caractère clos de la rencontre mondaine.

Pour mieux comprendre le salut de Guermantes, il est utile de rappeler la notion du « don » d'après Marcel Mauss. Le don, selon lui, garde toujours, comme un esprit, quelque chose d'immatériel et de métaphysique de son donateur : « D'où il suit que présenter quelque chose à quelqu'un c'est présenter quelque chose de soi. »[11] C'est exactement ce moment qui rend l'échange du salut comme don impossible chez les Guermantes et les force à exécuter un salut de manière aussi ambivalente : Dans le contexte de la présentation mondaine, le Guermantes refuse d'une part de se livrer véritablement au vis-à-vis, mais d'autre part à l'autre de faire un contre-don, qui est, selon Mauss, obligatoire et signifie de subir par-là une expérience d'altérité. Le Guermantes repousse donc tout contact avec l'étranger. L'exemple du salut de Saint-Loup et notamment dans l'épisode du « Dîner chez les Guermantes » fait comprendre au narrateur snob que, malgré le geste du salut, il restera toujours un marginal, un observateur passif en pleine mondanité à l'écart du cercle aristocratique.

À part de cette signification sociale pour lui-même, le narrateur comme le je vivant sont fascinés par le côté théâtral de l'exécution du geste de salut qui est évidemment liée à la corporalité très présente dans la démonstration du narrateur. Elle se différencie essentiellement en deux aspects, dont le premier est le corps social qui est adressé par le rituel de salut. Le narrateur décrit cet aspect comme une « sorte de cérémonie, à peu près comme si le fait qu'ils vous eussent tendu la main eût été aussi considérable que s'il s'était agi de vous sacrer chevalier » (RTP II, 736). Cette comparaison met en évidence la valeur sociale qui va de pair avec la théâtralité du rituel de salut.[12] Cette célébration théâtrale simule une forte signification sociale en transformant le statut social du sujet présenté qui en face d'un Guermantes est jugé digne et qui reçoit ainsi un geste de reconnaissance de premier rang de son existence mondaine. Le rituel du salut exprime donc d'une

---

11   Marcel Mauss, *Essai sur le don. Forme et raison de l'échange dans les sociétés primitives*, Paris : Presses Universitaires de France 2012, p. 82.

12   Cf. Jane Alison Hale, « Le Théâtre de Guermantes », dans : *Modern Language Studies* 15,4 (1985), p. 208–224 ; et Rosette C. Lamont, « Le rituel dramatique dans *A la recherche du temps perdu* », dans : Larkin B. Price (éd.), *Marcel Proust. A Critical Panorama*, Urbana et al. : University of Illinois Press 1973, p. 226–246. Les deux relient notamment le caractère rituel du geste à la théâtralité sociale.

manière implicite la hiérarchie sociale, l'assertivité de la classe aristocratique par son hermétisme ainsi que le pouvoir que le ou la Guermantes pourrait avoir envers celui qui est soumis à ce changement de statut. Par sa comparaison subtile avec le rituel d'adoubement, le narrateur insinue par ailleurs une dimension historique profonde sur laquelle se fonde la valeur sociale du rituel de salut. De même, cette comparaison suggère que la mondanité contemporaine perpétue dans ses rituels mondains un certain héritage des valeurs et des modèles de comportement connu de la société de cour du XVIIᵉ siècle, un aspect sur lequel je reviendrai. Le deuxième aspect corporel se limite à la catégorie sociale de la famille. Le je vivant apprend cet aspect dans son expérience répétée du salut de Saint-Loup et se l'explique ainsi :

> Quand je lui eus vu refaire chaque fois qu'on lui présentait quelqu'un, je compris que c'était une simple habitude mondaine particulière à une certaine partie de sa famille et à laquelle sa mère, qui tenait à ce qu'il fût admirablement bien élevé, avait plié son corps ; il faisait ces saluts-là sans y penser plus qu'à ses beaux vêtement, à ses beaux cheveux ; c'était une chose dénuée de la signification morale que je lui avais donnée d'abord, une chose purement apprise, […], et qui était devenue chez lui si instinctive. (RTP II, 91)

À l'encontre de l'explication donnée ci-dessus par le narrateur, le je vivant accentue le geste de salut vers une expression corporel pure. D'une part, il le démystifie en le transformant en « une simple habitude mondaine » qui est dispensée de toute signification supplémentaire, de l'autre il évoque l'aspect généalogique d'un héritage familial. Dans son caractère immatériel, il s'agit d'un schéma comportemental qui est le résultat de l'éducation maternelle. Le rituel de salut n'appartient ainsi pas à l'extériorité corporelle bien soignée et réfléchie, mais se révèle plutôt comme incorporé et irréfléchi, porteur explicite d'une appartenance et distinction familiale. Le je vivant s'imagine Saint-Loup après son geste de salut comme un être purement mondain dont le corps a été imprégné par une mondanité héritée et instinctive.

Souvent décrié comme *machinal* ou comme chez Saint-Loup « dû à un réflexe musculaire » (RTP II, 91), le rituel de salut est aussi objet des imitations entres les familles aristocratiques, ce qui déjoue son aspect d'appartenance et le rend ambivalent. En général, les Guermantes y servent de modèle, cependant « certaines très rares Guermantes » ont pris coutume d'emprunter le « salut des dames » aux Courvoisier :

> En effet, au moment où on vous présentait à une de ces Guermantes-là, elle vous faisait un grand salut dans lequel elle approchait de vous, à peu près de selon un angle de quarante-cinq degrés, la tête et le buste, le bas du corps (qu'elle avait fort haut) jusqu'à la ceinture qui faisait pivot, restant immobile. Mais à peine avait-elle projeté ainsi vers

vous la partie supérieure de sa personne, qu'elle rejetait en arrière de la verticale par un brusque retrait d'une longueur à peu près égale. (RTP II, 737)

Cette description à laquelle précède une analyse générique du rituel de salut esquissée par le narrateur en s'appuyant sur l'exemple de Saint-Louis, est remarquable en ce qu'elle introduit un nouvel aspect langagier. À l'opposé de la description préalable où le je narrant décrit le rituel de salut comme un mouvement corporel dans l'espace, il tente, dans le cas présent, de généraliser la corporalité du rituel de salut en termes de géométrie. L'inconscience corporelle dans l'exécution est traduite en chiffres d'angle et en système de coordonnées. Ce langage géométrique transpose en fait le corps rituel dans un effet de langage. Comme dans la *Recherche*, le corps a ses effets sur la langue ; quand on pense par exemple à l'oral de Bergotte ou même au concept de langage du corps[13], il n'étonne pas que le narrateur combine ces modes corporels et langagiers dans sa réflexion. Le résultat est une association étroite du corps et du rituel avec le langage qui prépare ainsi l'argument ci-après du je narrant.

Par la suite, le je narrant étend son raisonnement qu'il a développé sur la base du rituel de salut à la lettre, une forme bien codée qui traduit le caractère rituel de la rencontre au niveau écrit et littéraire, et notamment son ambivalence entre la distinction sociale et l'expression d'une amabilité interpersonnelle :

> Cette même annulation de l'amabilité par la reprise des distances (qui était [...] destinée à montrer que les avances faites dans le premier mouvement n'étaient qu'une feinte d'un instant) se manifestaient aussi clairement [...] dans les lettres qu'on recevait d'elles, au moins pendant les premiers temps de leur connaissance. Le « corps » de la lettre pouvait contenir des phrases qu'on n'écrirait, semble-t-il, qu'à un ami, mais c'est en vain que vous eussiez cru pouvoir vous vanter d'être celui de la dame, car la lettre commençait par : « Monsieur » et finissait par « Croyez, Monsieur, á mes sentiments distingués. » Dès lors, entre ce froid début et cette fin glaciale qui changeaient le sens de tout le reste, pouvaient se succéder (si c'était une réponse à une lettre de condoléance de vous) les plus touchantes peintures du chagrin que la Guermantes avait eu à perdre sa sœur [...]. (RTP II, 737)

L'ambivalence des mouvements inverses que le narrateur a analysée dans la complexité corporelle du rituel de salut chez les Guermantes, il la retrouve ensuite dans leur langage épistolier. Comme la salutation est le moment initial de la rencontre mondaine, l'adresse au début de la lettre y est similaire dans sa fonction d'introduire une action interpersonnelle, soit une conversation directe dans l'entrevue,

---

13  Cf. Liza Gabaston, *Le Langage du corps dans « À la recherche du temps perdu »*, Paris : Honoré Champion 2011.

soit indirecte par la lettre. Le narrateur ne conçoit les formules de politesse qui encadrent le « *corps* » *de la lettre* et qui remplacent par exemple, une expression authentique et sentimentale par un rituel galant, pas seulement dans leur fonction langagier et formel, à savoir comme une expression de civilité générale. Considérer les formules de politesse comme une ritualité mondaine qui est de plus *incorporée*, lui permet de les appréhender dans un réseau de significations plus denses, qui comprend notamment des dimensions familiales, historiques et sociales, entre autres.

Ce surcroît de signification rituelle dans le langage est observé à plusieurs reprises par le narrateur dans la *Recherche*. Il recourt, par exemple, à la langue secrète et spécifique aux familles, notamment chez des familles juives où la ritualité sacrée se poursuit quasiment de manière naturelle au quotidien profane (cf. RTP III, 829). La scène de Montjouvain en fourni un autre exemple, où « les profanations rituelles » (RTP I, 160) du père s'opèrent particulièrement dans le jeu langagier et érotique de Mlle de Vinteuil et son amie qui est aussi accompagné par un rapprochement corporel entre les deux femmes. Un troisième exemple est le chant des marchands ambulants, que le narrateur compare au chant liturgique et psalmodique en raison de son caractère répétitif et accentué (cf. RTP III, 625s.). Tous les trois exemples ont en commun que des aspects langagiers, sociaux et rituels se mêlent toujours dans une situation de rencontre.

Pour revenir à la citation ci-dessus : Si l'on compare les expressions mondaines dans leur surcroît de signification, elles fonctionnent donc comme des métaphores mortes ou lexicalisées, dont la dimension historique ne saute plus vivement aux yeux. En prolongeant un peu cette pensée, on peut étendre cette perspective à l'ensemble de la conversation mondaine chez Proust. Élément clé et indispensable de la rencontre mondaine, elle représente une grande partie de la description dans la *Recherche*. Je voudrais illustrer cette hypothèse par la fin du premier événement 'semi'-mondain auquel le jeune protagoniste assiste, à savoir, le *déjeuner avec Bergotte* (RTP I, 536–564) qui est organisé en cercle restreint par Mme Swann et qui marque aussi pour le je vivant la première rencontre avec l'écrivain tant vénéré. Profondément irrité – « mortellement triste » – par la corporalité de l'écrivain « à nez rouge en forme de coquille de colimaçon et à barbiche noire » (RTP I, 537) et de plus par sa voix, cet « organe bizarre » (RTP I, 540), le je vivant a bien de la peine à la concilier avec son œuvre littéraire.[14]

---

14 Cf. Ulrike Sprenger, *Stimme und Schrift. Inszenierte Mündlichkeit in Prousts « A la recherche du temps perdu »*, Tübingen : Narr 1995, surtout en ce qui concerne la dévalorisation de l'oral de Bergotte à l'encontre de son style littéraire p. 113–122.

De surcroît, Bergotte se montre de son côté pleinement social et mondain durant la soirée. Il est remarquable que cet épisode se termine par une petite conversation entre Bergotte et le protagoniste en rentrant chez soi. Pendant celle-ci, l'écrivain se comporte comme une ruse commère méchante en dénigrant ses hôtes du soir par une remarque explicite et malveillante sur le passé de Mme Swann comme cocotte. Pour camoufler ses paroles à la fin, Bergotte tente de créer une complicité mondaine entre lui-même et le jeune protagoniste :

> « Tout ceci de vous à moi », me dit Bergotte en me quittant devant ma porte. Quelques années plus tard, je lui aurai répondu : « Je ne répète jamais rien. » C'est la phrase rituelle des gens du monde, par laquelle chaque fois le médisant est faussement rassuré. C'est celle que j'aurais déjà ce jour-là adressée à Bergotte car on n'invente pas tout ce qu'on dit, surtout dans les moments où on agit comme personnage social. Mais je ne la connaissais pas encore. D'autre part, celle de ma grand-tante dans une occasion semblable eût été : « Si vous ne voulez pas que ce soit répété, pourquoi le dites-vous ? » C'est la réponse des gens insociables, des « mauvaises têtes ». Je ne l'étais pas : je m'inclinai en silence. (RTP I, 561s.)

« Tout ceci de vous à moi », cette expression mondaine qui par courtoisie inverse les rôles du récepteur et de l'émetteur du commérage, est lucidement commenté par le je narrant. Dans sa rétrospective, il expose son jeune moi, le je vivant, ignorant, qui apprend les rituels mondains.[15] Cette « phrase rituelle », est une locution figée mais absolument pas un cliché vidé de sens. Comme le narrateur le révèle avec ironie, elle rassure dans sa valeur rituelle le calomniateur en créant pour un instant une fausse complicité mondaine qui rend ainsi le bavardage après coup légitime. Elle exige de plus la réplique appropriée de la part de l'adressé qui achève l'entente mutuelle et mondaine, comme le contre-exemple de la grand-tante ignorante le montre. Le langage mondain ne résulte donc point d'une invention authentique et originale car il est profondément lié aux pratiques du mondain comme « personnage social ». Cependant son surcroît de signification s'exprime dans ses implications sociales qui sont mises en œuvre

---

15 Un cas similaire est la première rencontre du jeune protagoniste avec la princesse Guermantes. Lorsqu'il l'observe en offrant « des bonbons glacés à un gros monsieur en frac », la perspective du je vivant et du je narrant s'entremêle dans ce commentaire : « Je comprenais bien que ce qu'ils faisaient là n'était qu'un jeu, et que pour préluder aux actes de leur vie véritable (dont sans doute ce n'est pas ici qu'ils vivaient la partie importante) il convenait en vertu de rites ignorés de moi qu'ils feignissent d'offrir et de refuser des bonbons, geste dépouillé de sa signification et réglé d'avance comme le pas d'une danseuse qui tour à tour s'élève sur sa pointe et tourne autour d'une écharpe » (RTP II, 342).

dans ces rituels du langage mondain. La réponse du je vivant comme apprenti mondain est finalement intéressante, car lorsqu'il ne sait pas exactement ce qu'il faut dire, il accomplit par sa révérence suggérée « en silence » ce rituel par un geste corporel ce qui renvoie à la corporalité première du salut mondain des Guermantes. En guise d'une conclusion provisoire, on peut constater qu'en tant que rituel, la conversation mondaine n'est ni entièrement un échange superficiel de lieux communs ni un effet d'un langage indirect.[16] Au contraire, considérer la conversation mondaine dans sa qualité de rituel mondain permettrait d'y voir un échange de métaphores lexicalisées de sorte qu'on peut en dégager d'autres dimensions de signification implicite, comme celles mentionnées ci-dessus, par exemple sociales ou historiques.

## Le rite mondain comme une forme d'art

Dans sa réflexion sur la rencontre mondaine pendant l'épisode du *Dîner chez les Guermantes*, le narrateur associe un aspect supplémentaire à la ritualité de la mondanité. C'est celui de la performance déjà mentionnée ci-dessus, de « cette chorégraphie des Guermantes » qui caractérise le rituel de salut mondain et qui est associée à la corporalité du geste et au « corps de ballet », alors aux membres de la famille Guermantes qui « […] étaient si nombreux que même pour ces simples rites, celui du salut de présentation par exemple, il existait bien des variétés » (RTP II, 738). Comment faut-il maintenant penser ces « variétés » ? Comme une pluralité d'un seul rituel ? Ce fait, ne réduit-il pas la signification de la notion de rituel et son statut à une simple habitude mondaine, sans les valeurs déjà mentionnées, soit historiques, sociales etc. ? Par l'introduction de l'aspect de la variété dans le cadre restreint d'une famille, le narrateur propose dans sa réflexion sur le rituel donc un espace d'expression personnelle. Celle-ci se distingue du rituel dans des interprétations individuelles sans aller à l'encontre de sa rigidité formelle. Ce sont notamment les Guermantes qui savent se servir de cette possibilité d'exprimer sa personnalité dans un rituel :

---

16 Cf. Gérard Genette, « Proust et le langage indirect », dans : Id., *Figures II*. Paris : Seuil 1969, p. 223–294. Cf. à titre de l'exemple pour ceux qui comprennent la conversation dans la *Recherche* comme un échange des clichés les suivantes : Sabine Boscheinen, *Unendliches Sprechen. Zum Verhältnis von « conversation » und « écriture » in Marcel Prousts* A la recherche du temps perdu, Tübingen : Stauffenberg 1997, p. 121–132 ; Ulrich Schulz-Buschhaus, « Gemeinplatz und Salonkonversation bei Marcel Proust », dans : Karl Hölz (éd.), *Marcel Proust : Sprache und Sprachen*, Frankfurt am Main : Insel 1991, p. 134–150.

> Mais les Guermantes, en général, et particulièrement Oriane, tout en connaissant mieux que personne ces rites, n'hésitaient pas, si elles vous apercevaient d'une voiture, à vous faire un gentil bonjour de la main, et dans un salon [...] vous tendaient la main comme à un camarade en souriant de leurs yeux bleus, de sorte que tout d'un coup, grâce aux Guermantes, entrait dans la substance du chic, jusque-là un peu creuse et sèche, tout ce que naturellement on eût aimé et qu'on s'était efforcé de proscrire, la bienvenue, l'épanchement d'une amabilité vraie, la spontanéité. (RTP II, 740)

Ce n'est pas par hasard qu'Oriane de Guermantes soit mentionnée comme exemple qui sort du contexte. Reine de la mondanité, elle maîtrise les rituels de manière exceptionnelle, et par conséquent, elle est capable d'en faire un usage tout à fait personnel. Le rituel mondain, jusqu'alors considéré dans sa structure figée, par-là « creuse et sèche », ou ses autres dimensions implicites de signification sociale et historique, devient dans le cas d'Oriane de Guermantes une forme d'expression créative et intime, remplie d'une authenticité d'émotion naturelle. Les effets de la soudaineté et de la spontanéité introduisent au rituel mondain ainsi un caractère événementiel qui éclate avec les exigences mondaines et conditionne une performance d'art. Car Oriane de Guermantes incarne comme aucune autre le fameux « esprit de Guermantes » qui a même dans les *Esquisses* de la *Recherche* encore une valeur artistique,[17] elle maîtrise l'art de jouer des conventions et des modes des rituels mondains, de la « substance du chic » qu'elle connaît si bien. Cette possibilité d'une interprétation artistique permet au narrateur de considérer le rituel comme une forme d'expression esthétique et lui attribue aussi un caractère d'événement qui peut émerger de nouveau en chaque rencontre mondaine.

Vu sous cet angle, le rituel mondain de la rencontre peut être définie comme « l'art, infiniment varié d'ailleurs, de marquer les distances » (RTP II, 736). Sa potentialité artistique devient encore plus évidente en regardant encore un autre exemple d'une 'artiste mondaine', à savoir Odette Swann. Issue du demi-monde, elle aspire à la mondanité du faubourg Saint-Germain comme snob à l'instar du protagoniste et narrateur de la *Recherche* et de même elle y reste toujours un *outsider*. Elle fait cependant de ce statut du paria mondain son principal

---

17  Cf. Fabian Schmitz, « Marcel Prousts epitextuelle Recherchen nach Autorschaft im Prozess der Werkgenese : Memoiren, Imitation und der Autor im literarischen Feld », dans : Martin Gerstenbräun / Nadja Reinhard (éds.), *Paratextuelle Politik und Praxis. Interdependenzen von Werk und Autorschaft*, Wien : Böhlau 2018, p. 235–254. Je montre comment Proust dévalorise successivement le génie artistique d'Oriane de Guermantes en ce qui concerne l'imitation à l'improviste des gens élégants dans la réécriture génétique des *Esquisses*.

avantage : d'une part, elle se consacre pleinement aux rites mondains, d'autre part, elle s'approprie les rites mondains et les personnalise. La perspective du je vivant en témoigne, car, étant en voie de désamour avec la fille Gilberte, il guette en contrepartie sa mère Odette chaque dimanche à cet heure tardive où la plupart de gens élégants est déjà rentrés et où, par conséquent, elle peut faire son apparition soudaine et éclatante dans la rue :

> D'autant plus que déjà persuadé qu'en vertu de la liturgie et des rites dans lesquels Mme Swann était profondément versée, sa toilette était unie à la saison et à l'heure par un lien nécessaire, unique, les fleurs de son flexible chapeau de paille, les petits rubans de sa robe me semblaient naître du mois de mai plus naturellement encore que les fleurs des jardins et des bois ; [...]. Car les rites, s'ils étaient souverains, mettaient leur gloire, et par conséquent Mme Swann mettait la sienne, à obéir avec condescendance au matin, au printemps, au soleil, [...]. Et je comprenais que ces canons selon lesquels elle s'habillait, c'était pour elle-même qu'elle y obéissait, comme à une sagesse supérieure dont elle eût été la grande prêtresse [...]. (RTP I, 626)

Odette s'est consacrée entièrement à la ritualité mondaine ; néanmoins, sa robe, qui en fait une part essentielle, marque la différence décisive. Comme elle se conforme à la vie quotidienne de la mondanité, par exemple tenir un salon et se promener mais avec un certain retard, sa garde-robe semble découler du temps – du moment de la journée et de la saison. De surcroît, elle en est une véritable représentation. Ainsi, le je vivant/narrant – la perspective est indéterminée – développe à partir de la robe d'Odette, qui représente l'artisanat de la couture, une métaphore d'art. La concordance du temps dans toutes ses facettes comme structure supplémentaire au rite mondain en crée l'expression personnelle et artistique d'Odette et par là sa splendeur mondaine exceptionnelle. Les termes religieux évoquent de plus toute une sémantique autour de la religion de l'art qui est associée à Odette et qui souligne le caractère autoréflexif – « c'était pour elle-même qu'elle y obéissait » – de son art mondain. Dans l'exemple d'Odette – un *outsider*, mais également snob dévoué à la mondanité – et la différence sa pratique rituelle mondaine, se manifestent la potentialité artistique dont le caractère événementiel surgit au moment de la rencontre mondaine. Le rituel mondain chez Proust ne s'émousse donc pas dans une répétition monotone, au contraire, il fascine par un surcroît de signification dans des dimensions historiques et sociales ainsi que par sa qualité artistique.

Ce constat nous amène donc à nous demander comment le rituel se présente au niveau de la représentation de la mondanité dans la *Recherche* de Proust elle-même. Force est de constater d'abord que la représentation mondaine est fortement répétitive au point de rappeler une enfilade monocorde des rituels mondains dans toutes leurs variétés. On pourrait donc se demander quel en est l'effet recherché. Une première réponse à cette question se trouve au début de l'épisode du *Dîner chez les Guermantes*, pendant lequel le narrateur développe sa réflexion sur le rituel de la rencontre mondaine, on peut y vérifier une réponse à cette motivation. Après l'accueil imprévu par le duc de Guermantes qui irrite encore le narrateur dans son souvenir par son geste de salut assez familier, celui-ci est alors entraîné dans la réflexion suivante :

> Le passé non seulement n'est pas si fugace, il reste sur place. Ce n'est pas seulement des mois après le commencement d'une guerre que des lois votées sans hâte peuvent agir efficacement sur elle, ce n'est pas seulement quinze ans après un crime resté obscur qu'un magistrat peut encore trouver les éléments qui serviront à l'éclaircir ; après des siècles, le savant qui étudie dans une région lointaine la toponymie, les coutumes des habitants, pourra saisir encore en elles telle légende bien antérieure au christianisme, déjà incomprise, sinon même oubliée au temps d'Hérodote et qui, dans l'appellation donnée à une roche, dans un rite religieux, demeure au milieu du présent comme une émanation plus dense, immémoriale et stable. Il y en avait une aussi, bien moins antique, émanation de la vie de cour, sinon dans les manières souvent vulgaires de M. de Guermantes, du moins dans l'esprit qui les dirigeait. Je devais la goûter encore, comme une odeur ancienne, quand je le retrouvai un peu plus tard au salon. (RTP II, 711)

Dans le contexte de la mondanité, la recherche du temps passé est donc une enquête sur les petits grains de poussière qui subsistent dans les manières et les comportements de l'aristocratie ainsi que dans les rituels mondains de la Belle Époque dont Proust fait le portrait. Conscient que le salon et la sociabilité de la fin du xixe siècle sont devenus un formalisme figé et apparent,[18] Proust parvient au travers de sa démonstration répétitive et abondante des rituels mondains dans toutes leurs variétés – et non seulement sur la centaine des pages qui couvre l'épisode *Dîner chez les Guermantes* – à retrouver une « telle légende ». Celle-ci persiste de manière latente, incomprise comme une métaphore morte, mais toujours « au milieu du présent » et encore vivante lors des rituels mondains qui sont une « émanation de la vie de cour » de l'Ancien Régime. Comme Oriane de Guermantes qui sait par sa maîtrise parfaite et artistique des rituels mondains réactualiser avec authenticité, pour un moment, la mondanité perdue du xviie siècle, Proust cherche par sa tentative répétitive à faire émaner cette « odeur ancienne » en racontant de nouveau une « telle légende ».

---

18  Cf. Antoine Lilti, *Le monde des salons. Sociabilité et mondanité à Paris au xviiie siècle*, Paris : Fayard 2005, surtout sur l'invention de la mondanité dans la *Recherche* par Proust, p. 15–58.

Pour résumer mon analyse de la ritualité des rencontres mondaines chez Proust, je peux conclure que Proust joue pleinement sur l'ambivalence des deux notions. Le rituel poursuit un mouvement circulaire si non autoréflexif et se présente comme une structure hermétique et close. Ainsi peut-il être porteur de plusieurs dimensions de significations historiques et sociales entre autres. La rencontre lui confère, par contre, un moment de présence que Proust associe d'une manière très proustienne avec l'art, mais aussi avec le divertissement et le spectacle événementiel de la mondanité, qu'une figure comme Oriane de Guermantes est capable de produire. À l'égard de la fonction du rituel de la rencontre mondaine pour la représentation littéraire chez Proust, on peut constater qu'elle est représentée abondamment et de manière répétitive pour lui donner davantage l'aspect d'un rituel. De cette manière, Proust cherche à restituer un passé, pas celui de l'époque mais plus ancien encore, celui de la cour du XVIIᵉ siècle. Le rituel mondain fonctionne donc comme une clé d'accès au passé. En cette fonction poétique, la ritualité mondaine se rapproche ainsi de la mémoire involontaire. Sa démonstration, une approche plutôt historique et sociale, s'ajoute à d'autres de la *Recherche*. La ritualité mondaine est finalement une recherche moyennant une poétique rituelle une rencontre avec la mondanité des siècles passés.

## Bibliographie

BOSCHEINEN, Sabine, *Unendliches Sprechen. Zum Verhältnis von « conversation » und « écriture » in Marcel Prousts* A la recherche du temps perdu, Tübingen : Stauffenberg 1997, p. 121–132.

CARASSUS, Émilien, *Le snobisme et les lettres françaises de Paul Bourget à Marcel Proust*, Paris : Colin 1966.

CHAUDIER, Stéphane, « Proust et les rites », dans : *Cahiers électroniques de l'imaginaire* 3 : « Rite et littérature » (2005), p. 87–109. En ligne : https://uclouvain. be/fr/instituts-recherche/incal/cri/cahiers-electroniques-de-l-imaginaire. html (récupéré le 27 mai 2018).

DELEUZE, Gilles, *Proust et les signes*, Paris : Presses Universitaires de France ⁸1993.

GABASTON, Liza, *Le Langage du corps dans « À la recherche du temps perdu »*, Paris : Honoré Champion 2011.

GENETTE, Gérard, « Proust et le langage indirect », dans : Id., *Figures II*, Paris : Seuil 1969, p. 223–294.

HALE, Jane Alison, « Le Théâtre de Guermantes », dans : *Modern Language Studies* 15,4 (1985), p. 208–224.

LAMONT, Rosette C., « Le rituel dramatique dans *A la recherche du temps perdu* », dans : Larkin B. Price (éd.), *Marcel Proust. A Critical Panorama*, Urbana et al. : University of Illinois Press 1973, p. 226–246.

LILTI, Antoine, *Le monde des salons. Sociabilité et mondanité à Paris au xviii<sup>e</sup> siècle*, Paris : Fayard 2005.

MAUSS, Marcel, *Essai sur le don. Forme et raison de l'échange dans les sociétés primitives*, Paris : Presses Universitaires de France 2012.

MULLER, Marcel, *Les voix narratives dans la « Recherche du temps perdu »*, Genève : Droz 1965.

PROUST, Marcel, *À la recherche du temps perdu*, Jean-Yves Tadié (éd.), Paris : Gallimard 1987–89.

ROUSSET, Jean, « Les premières rencontres », dans : Gérard Genette / Tzvetan Todorov (éds.), *Recherche de Proust*, Paris : Seuil 1980, p. 40–54.

SAUNDERS, Richard W., *Metamorphoses of the Proustian Body. A Study of Bodily Signs in « A la recherche du temps perdu »*, New York et al. : Peter Lang 1994.

SCHMITZ, Fabian, « Marcel Prousts epitextuelle Recherchen nach Autorschaft im Prozess der Werkgenese : Memoiren, Imitation und der Autor im literarischen Feld », dans : Martin Gerstenbräun / Nadja Reinhard (éds.), *Paratextuelle Politik und Praxis. Interdependenzen von Werk und Autorschaft*, Wien : Böhlau 2018, p. 235–254.

SCHUHEN, Gregor, « Der bewegte Mann. Proust und die Ästhetik des verschwindenden Körpers », dans : Ursula Link-Heer et al. (éds.), *Literarische Gendertheorie : Eros und Gesellschaft bei Proust und Colette*, Bielefeld : transcript 2006, p. 177–199.

SCHULZ-BUSCHHAUS, Ulrich, « Gemeinplatz und Salonkonversation bei Marcel Proust », dans : Karl Hölz (éd.), *Marcel Proust : Sprache und Sprachen*, Frankfurt am Main : Insel 1991, p. 134–150.

SPITZER, Leo, « Zum Stil Marcel Prousts », dans : Id., *Stilstudien II*, Darmstadt : Wissenschaftliche Buchgesellschaft 1961, p. 365–497.

SPRENGER, Ulrike, *Stimme und Schrift. Inszenierte Mündlichkeit in Prousts « A la recherche du temps perdu »*, Tübingen : Narr 1995.

Sylvester Bubel

# « considérer honnêtement, considérer sans vergogne ! » La poétique des rencontres rituelles avec la nature dans l'œuvre de Francis Ponge

**Abstract:** Outlining the fundamental forms and functions of ethnological rituals in non-western civilizations according to Arnold van Gennep's *Les rites de passage* (1909), the article describes the different ritualistic phases of Francis Ponge's poetic encounters with entities of nature.

## Francis Ponge et la culture de fin de siècle[1]

Dans l'histoire littéraire du XXᵉ siècle, Francis Ponge (1899–1988) est considéré comme étant le *poète des choses*[2], une attribution générique, notamment due à sa perception particulièrement complexe de la poétique ainsi qu'à la conception singulière de ses productions littéraires, qui sont difficiles à cerner. De ce fait, ses œuvres ont connu une lecture diversifiée dont les courants existentialistes,[3] poststructuralistes et déconstructivistes étaient des plus populaires. Les entretiens entre Francis Ponge et Philippe Sollers, tout comme ses échanges avec le Groupe Tel-Quel montre à quel point Francis Ponge étudiait les théorèmes déconstructivistes.[4] L'essai de Jacques Derrida *Signéponge*[5] de 1984 s'aligne également ment dans ce contexte et l'on peut le considérer comme étant une appropriation

---

1 Le complexe autour des rencontres avec la nature dans la poétique de Ponge, est abordé de manière détaillée dans le contexte du phénomène de l'épiphanie moderne dans ma thèse de doctorat *Poetiken der Epiphanie in der europäischen Moderne. Studien zu Joyce, Proust, Benjamin und Ponge*, qui sera publiée en 2019. Je remercie Vanessah Aurore Reck (Université de la Sarre) pour son soutien dans le cadre de la traduction de cet essai.

2 Cf. Nancy Willard, « A Poetry of Things : Williams, Rilke, Ponge », dans : *Comparative Literature* 17,4 (1965), p. 311–324.

3 Cf. Jean-Paul Sartre, « L'homme et les choses », dans : Id., *Situations I*. Paris : Gallimard 1947, p. 298–357.

4 Cf. Francis Ponge / Philippe Sollers, *Entretiens de Francis Ponge avec Philippe Sollers*, Paris : Gallimard 1970.

5 Cf. Jacques Derrida, *Signéponge*, Paris : Seuil 1984.

de l'œuvre de Ponge par la philosophie déconstructiviste-poststructuraliste française au cours de la seconde moitié du XXᵉ siècle.

Ce texte se focalisera toutefois sur une perspective purement littéraire, qui étudie Ponge en tant que poète de fin de siècle. Les travaux de nombreux chercheurs ont démontré à quel point les études de Ponge sur les innovations dans le domaine de l'art visuel et plastique ont influencé son propre travail littéraire et ont marqué son style dans son œuvre.

C'étaient notamment les créations de l'impressionnisme, de l'art abstrait et plus tard le cubisme qui l'ont particulièrement fascinés ; il en a d'ailleurs témoigné dans ses essais sur Cézanne, Braque et Fautrier et a également évoqué cet aspect dans le volume d'essais *Le peintre à l'étude* en 1948.[6] Mais ce sera surtout sa perception de l'époque moderne et de ses 'choses' dans le contexte de recherches ethnologiques contemporaines que je souhaite mettre en relief dans les pages suivantes.

Il s'agit de lire sa cosmogonie moderne, son ontologie qu'il a conçue dans son œuvre complète ainsi que sa vision de la 'transformation' émotionnelle et pragmatique de l'Homme, déclenchée par le contact avec le monde empirique par rapport à ses rencontres avec la nature et ses objets comme formes de l'appropriation moderniste de rites et de cérémonies ethnologiques.

*Les rites de passages*[7], œuvre d'importance historique publiée en 1909 par l'ethnologue et sociologue Arnold van Gennep présente un caléidoscope de différents cérémonies et rites du monde qu'il ne se contente pas d'énumérer, mais également de commenter et de catégoriser. Dans son ouvrage *Le Parti pris des choses* (1942), qui est sans doute le plus connu, et dans *La rage de l'expression*[8], un tome publié en 1952, Francis Ponge décrit des rencontres cérémonielles entre l'Homme et les entités et espaces naturels qui transformeront l'Homme profondément. Ladite transformation comprend l'idée (a) d'épuration du processus de connaissance humaine et (b) de l'émotion humaine qui est l'empathie. Ses descriptions littéraires

---

6   Cf. Francis Ponge, *Œuvres complètes*, 2 t., Bernard Beugnot, Gérard Farasse, Jean-Marie Gleize et al. (éds.), t. 1 : Bernard Beugnot, Gérard Farasse, Michel Collot et al. (éds.), Paris : Gallimard 1999, cité par la suite OC 1 ; t. 2 : Bernard Beugnot, Gérard Farasse, Jean-Marie Gleize et al. (éds.), Paris : Gallimard 2002, cité par la suite OC 2. Voir par exemple les essais de Ponge sur l'art moderne dans : Francis Ponge, *Le peintre à l'étude*, dans : OC 1, p. 89–143.

7   Cf. Arnold van Gennep, *Les rites de passages* [1909], Paris : Picard 1991, cité par la suite RdP.

8   Cf. Francis Ponge, *Le Parti pris des choses*, dans : OC 1, p. 13–56, cité par la suite PPC ; cf. F.P., *La rage de l'expression*, dans : OC 1, p. 335–440.

des rencontres du sujet moderne s'inscrivent dans le contexte des études ethnologiques sur les cultures non-européennes et leurs rites soi-disant 'non-civilisés' au tournant du siècle.[9] La particularité de ses discours sur les rites vers 1900 consiste notamment en la valorisation que Ponge apporte à la culture qui – à l'époque – est perçue comme étant 'non-scientifique', supposément 'non-rationaliste', et à la nature qui va au-delà de la vue rationaliste de l'occident sur la nature et sort du cadre normalisé de la culture scientifique et technique du XIXᵉ siècle. Cette nouvelle conception de la nature et de ses objets qui, sous un angle rationaliste, n'est ni communicable ni compréhensible, correspond à celle des sujets de Ponge et les placent dans l'état d'un apprenant pré-logique. À partir de textes comme *Faune et Flore*, *Végétation* (issus de *Parti Pris des choses*), *Berges de la Loire*, *Le Carnet du bois de pins* issu de *La rage de l'expression* ainsi que *La Seine*[10] (1950), pour n'en nommer que quelques exemples, Ponge souligne que cette forme d'apprentissage et en même temps la décomposition par la nature n'est possible qu'à l'aide de cérémonies de perception et de communication bien spécifiques. Par conséquent, cet essai comprend une dimension littéraire à orientation culturelle[11]. Dans ce sens et afin d'établir le lien avec le concept des contacts rituels avec la nature, il est important d'analyser les fondements théoriques principales des études sur les rites qu'a établis van Gennep.

## Rites de passages d'Arnold van Gennep en tant qu'instrument d'interprétation ethnologique du concept des rencontres rituelles avec la nature de Ponge : une reconstruction fragmentée

Van Gennep postule dès les premières pages de son œuvre une hypothèse fondamentale qui vaut pour l'ensemble de son œuvre et qu'il considère comme

---

9    Voir par exemple à ce sujet aussi la conceptualisation de la théorie des métaphores de Hugo von Hofmannsthal par Wolfgang Riedel. Il l'explique dans le contexte des débats ethnologiques en Allemagne du fin de siècle ; cf. Wolfgang Riedel, « Arara = Bororo oder die metaphorische Synthese », dans : Rüdiger Zymner et al. (éds.), *Anthropologie der Literatur : Poetogene Strukturen und ästhetisch-soziale Handlungsfelder*, Paderborn : Mentis 2004, p. 220–241.

10   Francis Ponge, *La Seine*, dans : OC 1, p. 243–298.

11   Voir ici au sujet d'une 'science littéraire à orientation culturelle' les idées de Manfred Engel dans : « Kulturwissenschaft/en – Literaturwissenschaft als Kulturwissenschaft – kulturgeschichtliche Literaturwissenschaft », dans : *KulturPoetik*. *Zeitschrift für kulturgeschichtliche Literaturwissenschaft* 1 (2001), p. 8–36.

étant une constante dans le développement psychologique de l'Homme valable
pour toutes les cultures et les communautés ethniques. Selon van Gennep :

> [L]a vie individuelle consiste en une succession d'étapes dont les fins et commence-
> ments forment des ensembles de même ordre : naissance, puberté sociale, mariage,
> paternité, progression de classe, spécialisation d'occupation, mort. Et à chacun de ces
> ensembles se rapportent des cérémonies dont l'objet est identique : faire passer l'indivi-
> du d'une situation déterminée à une autre situation tout aussi déterminée. L'objet étant
> le même, il est de toute nécessité que les moyens pour l'atteindre soient, sinon identiques
> dans le détail, du moins analogues, l'individu s'étant du reste modifié puisqu'il a der-
> rière lui plusieurs étapes et qu'il a franchi plusieurs frontières. (RdP 4)

Van Gennep divise donc la vie de chaque individu en étapes d'évolution élémen-
taires, que l'individu doit maîtriser. D'ailleurs, il utilise le terme 'passage' pour
décrire l'expérience de ces étapes d'évènements singuliers, qui transforment
profondément le caractère de l'individu et son statut social. Ces 'passages' sont
généralement accompagnées de cérémonies rituelles qui marquent (a) la fin d'une
situation initiale, (b) le passage transitoire, donc l'étape entre ces deux situations
et (c) l'arrivée, donc l'entrée dans l'espace de vie souhaité.[12] Ce modèle tripartite
en tant que modèle explicatif universel a été fortement critiqué et remise en
question aussi bien par les ethnologues spécialisés dans le domaine des rites et
cérémonies que par les chercheurs en science de la religion à qui le modèle parais-
sait simpliste.[13] Mais ici, je ne considère pas les idées de van Gennep comme étant
un modèle explicatif universel ou un œuvre empirique objectif, 'véridique', mais
je les étudie plutôt sous l'angle des sciences littéraires à orientation culturelle,
en tant que témoignage contemporain, dont la popularité reflète l'état du savoir
et des connaissances de l'intelligentsia française vers 1900. *Les rites de passage*
de van Gennep donneront donc un cadre interdiscursif pour l'interprétation de
l'œuvre de Ponge.

---

12  Van Gennep écrit : « C'est à un essai de cet ordre qu'est consacré le présent volume, où
j'ai tenté de grouper toutes les séquences cérémonielles qui accompagnent le passage
d'une situation à une autre et d'un monde (cosmique ou social) à un autre. Étant donné l'importance de ces passages, je crois légitime de distinguer une catégorie spéciale
de *Rites de Passage*, lesquels se décomposent à l'analyse en *Rites de séparation*, *Rites
de marge* et *Rites d'agrégation* » (RdP 13s.).

13  Je cite ici l'essai de Clemens Leonhard comme une des critiques nombreuses de l'investigation de van Gennep, dans lequel il déconstruit et falsifie le modèle de forme
compréhensible ; cf. Leonhard Clemens, « Die ‹ rites de passage › nach Arnold van
Gennep. Ritualanalyse und theologische Legitimationsstrategien », dans : *Pastoraltheologische Informationen* 35,1 (2015), p. 245–260.

L'analyse concrète de van Gennep commence par une affirmation, qui, aujourd'hui, n'est plus adéquate. Il postule que chaque société se constitue de plusieurs groupes sociaux, qui, par manque d'un certain degré de civilisation, se démantèlent : « Chaque société générale contient plusieurs sociétés spéciales, qui sont d'autant plus autonomes et dont les contours sont d'autant plus précis que la société générale se trouve à un degré moindre de civilisation » (RdP 1). Cette supposition implique que malgré les transitions au niveau de l'évolution, du développement psychologique, les évolutions dans la vie tout comme les ruptures, les communautés ethniques considérées comme étant moins civilisées que la société européenne contemporaine, pratiqueraient une culture de la cérémonie et des rites plus rigide et plus intense qui ne tient pas compte des changements dans la vie.

Ce constat est (1) un de deux constats ayant une importance majeure dans le contexte de l'œuvre de Ponge, surtout parce que ses allégories portent souvent sur des cultures non européennes, qui, d'après lui, agissent au niveau pré-rationnel, qui pensent de manière pré-logique et qui ont un accès différent, voir originaire au monde. (2) Le deuxième constat qui associe la théorie de van Gennep à la cosmogonie littéraire de Ponge est la supposition que les nombreuses cérémonies pratiquées pour marquer l'entrée dans un nouveau stade de développement, seraient soumises aux mêmes conditions que les transformations inexorables de la nature, de l'univers même :

> D'où la ressemblance générale des cérémonies de la naissance, de l'enfance, de la puberté sociale, des fiançailles, du mariage, de la grossesse, de la paternité, de l'initiation aux sociétés religieuses et des funérailles. En outre, ni l'individu, ni la société ne sont indépendants de la nature, de l'univers, lequel est lui aussi soumis à des rythmes qui ont leur contrecoup sur la vie humaine. Dans l'univers aussi, il y a des étapes et des moments de passage, des marches en avant de des stades d'arrêt relatif, de suspension. (RdP 4)

À l'exemple de quelques textes issus de l'œuvre de Ponge, nous illustrerons comment l'Homme est censé interagir avec la nature pour qu'il reçoive une facette de son esprit, de son âme, de ses connaissances ou de son « mécanisme d'horlogerie »[14] pour citer Ponge dans son exposé *Tentative orale*.

---

14  Francis Ponge, *Tentative orale*, dans : OC 1, p. 649–669, ici : p. 668, cité par la suite OR.

# Étapes de rencontres avec la nature : Le rapprochement ritualisé au monde extérieur selon Ponge dans ses textes sur les espaces naturels

## Première étape : séparation de sa vie antérieure et rupture avec le mode de vie anthropocentrique

Comme déjà mentionné ci-dessus, selon van Gennep, le début d'une étape de développement est marqué par les soi-disant formes de « rites de séparation » (RdP 14), qui forment des sous-catégories des 'rites de passages'. Celles-ci seraient un mode de détachement (cf. ibid.) de l'état de vie antérieure et se situent donc dans le complexe de métaphores sur les renaissances et les réincarnations de la modernité qui ont connu une popularité considérable, notamment grâce aux philosophèmes de Nietzsche qui étaient proches du *Zarathustra*. Dans la poétique de Ponge, on peut constater plusieurs affirmations qui représentent une remise en cause de l'organisation sociale idéelle de la France et de l'Europe de l'après-guerre, du monde occidental après la deuxième guerre mondiale. À titre d'exemple, André Breton, Pierre Reverdy et Francis Ponge ont débattu en 1952 sur la fonction de l'art moderne et contemporaine pour la société lors d'une émission de radio.[15] Lors de ce débat, Ponge s'est distancié de l'humanisme anthropocentrique et de la religion, les considérant comme le péché originel de la culture occidentale :

> Non seulement les religions (et en particulier la religion J.-Ch.) me paraissent en cause, mais l'humanisme tout entier : ce système de valeurs que nous avons hérité à la fois de Jérusalem, d'Athènes, de Rome, que sais-je ? et qui a ceinturé récemment la planète entière. Selon lui, l'homme serait au centre de l'univers, lequel ne serait, lui, que le champ de son action, le lieu de son pouvoir. Joli pouvoir, belles actions : nous en avons eu quelques échantillons ces derniers temps encore. (EBR 687)

Les valeurs de la pensée occidentale établies par les anciens Grecs, le judaïsme et le christianisme auraient conduit l'homme dans une impasse de la pensée rationaliste. Cette orientation rationaliste qui se concentre sur la mécanisation et le fonctionnement de l'Homme a, selon Ponge, déshumanisé le monde et a donc conduit le monde dans l'abîme du national-socialisme, ce qui se manifeste dans l'auto-proclamation' ('Selbstermächtigung') rationaliste et purement non-empathique des nazis, un terme auquel ils ont attribué une nouvelle signification. L'auto-proclamation de l'Homme comme étant le centre de sa réflexion

---

15 Cf. Francis Ponge, *Entretien avec Breton et Reverdy*, dans : OC 1, p. 684–692, cité par la suite EBR.

et de son action dans le monde a contribué à la rupture dans sa compréhension de son environnement :

> Jamais, certes, depuis que le monde est monde (j'entends le monde sensible, comme il nous est donné chaque jour), non, jamais, quelle que soit la mythologie à la mode, jamais le monde, ne serait-ce qu'une seconde, n'a suspendu son fonctionnement mystérieux. Jamais, pourtant, dans l'esprit de l'homme – et précisément sans doute depuis que l'homme ne considère plus le monde que comme le champ de son action, le lieu ou l'occasion de son pouvoir – jamais le monde dans l'esprit de l'homme n'a si peu, si mal fonctionné.[16]

J'aimerais interpréter ces déclarations de Ponge dans le sens le plus large et avec prudence, les voir comme rite de séparation selon la catégorisation de van Gennep. Le verdict sévère de Ponge sur le rationalisme occidental, qui, selon lui, a perdu son utilité, ressemble à un mot d'adieu d'un passager qui souhaite quitter son territoire. Le fait d'incorporer des déclarations poétologique-esthétiques et idéologiques dans ses textes fictionnels, qui ouvrent une dimension méta-poétique à son travail, est propre à Ponge. Sans entrer en détail dans la multitude de ces textes, je voudrais décrire cette répétition et reprise des thèses dans des expressions linguistiques, formules et tropiques toujours nouvelles comme un rituel d'adieu. Suivant cette logique, on pourrait considérer la première étape comme la rupture du sujet Pongien avec sa vision du monde et ses facultés cognitives préconçues.

## Deuxième étape : susciter l'enthousiasme par le visuel, inspirer une nouvelle perception chez l'Homme et célébrer les louanges de l'Autre – anticiper la transformation.

Une fois que Ponge s'est séparé de sa vie antérieure après un discours condamnateur qui indique également le début de sa rupture avec son état d'âme précédent, l'étape suivante sera marquée par son rapprochement à la nature, à l'anticipation du processus et aux instruments de sa transformation. La transformation passe par un nouveau mode de perception sensuelle qui permettra à Ponge comme à tant d'autres auteurs de l'époque moderne de percevoir le monde extérieur différemment, plus profondément et dans toutes ses facettes. Et encore une fois, on peut trouver dans son œuvre une multitude d'exemples pour les incantations de cette nouvelle forme de perception. Un exemple bien connu est *Tentative orale*. Ponge explique la nouvelle approche en explorant un objet

---

16  Francis Ponge, *Le Murmure (Condition et destin de l'artiste)*, dans : OC 1, p. 622–629, ici : p. 627 ; cité par la suite Murmure.

simple, comme un mégot de cigarette. Il demande à son public de le suivre, de regarder le mégot de cigarette de près, dans toutes ses caractéristiques esthétiques ou inésthétiques, voir triviales, sans prêter attention aux idées plus grandes et complexes : « Vous n'aurez pas à me suivre bien loin. Seulement jusqu'à ce mégot, par exemple, n'importe quoi à condition de le considérer honnêtement, c'est-à-dire finalement (sans souci de tout ce qu'on nous chante sur l'esprit, sur l'homme) à le considérer sans vergogne. Jamais de référence à l'homme » (TO 664).

Une fois que cette deuxième étape du détachement est effectivement accomplie, c'est-à-dire que l'homme a appris d'apprécier ce qui est petit, marginal, discret, normal dans le monde, une étape finale du détachement de l'ancien état s'enchaîne, qui est l'éloge du 'nouveau' monde, désormais perceptible grâce au détachement de l'ancien état. Cet éloge correspond à la première perception extérieure des objets du monde extérieur, dont le rapprochement et la transformation sont maintenant les objectifs que l'Homme souhaite atteindre dans son propre développement. Si l'on applique le modèle tripartite 'rites de passage' de van Gennep à l'esthétique de Ponge, on se trouve à un point de transition entre 'rite de séparation' et 'rite de marge', puisque le processus décrit par Ponge correspond à la transformation de soi-même. On peut trouver des exemples de tels rapprochements primaires à la nature à travers cette nouvelle perception, notamment dans l'ouvrage *Le Parti pris des choses*, qui compte certainement parmi les ouvrages les mieux connus de Ponge. Ces exemples illustrent comment le sujet reconnait les modes de fonctionnement et d'existence spécifiques à la nature. Dans *Faune et Flore*, on peut supposer une incantation cérémonielle progressive de ce qu'on perçoit, de son art de vivre et de la faculté cognitive que l'Homme souhaite atteindre. Le texte est structuré comme un discours d'éloge circulaire et répétitif sur la flore, qui est célébrée dans son caractère unique, surtout par rapport à la faune. Dans son long poème, Ponge voit la principale différence avec les humains et les êtres vivants dans l'immobilité de la faune :

> La faune bouge, tandis que la flore se déplie à l'œil. Toute une sorte d'êtres animés est directement assumée par le sol. Ils ont au monde leur place assurée, ainsi qu'à l'ancienneté leur décoration. Différents en ceci de leurs frères vagabonds, ils ne sont pas surajoutés au monde, importuns au sol. Ils n'errent pas à la recherche d'un endroit pour leur mort, si la terre comme des autres absorbe soigneusement leurs restes. Chez eux, pas de soucis alimentaires ou domiciliaires, pas d'entre-dévoration : pas de terreurs, de courses folles, de cruautés, de plaintes, de cris, de paroles. Ils ne sont pas les corps seconds de l'agitation, de la fièvre et du meurtre. Dès leur apparition au jour, ils ont pignon sur rue, ou sur route. Sans aucun souci de leurs voisins, ils ne rentrent pas les uns dans les autres par voie d'absorption. Ils ne sortent pas les uns des autres par gestation. (PPC 42)

Les réflexions de Ponge sur l'immobilité de la flore et sur les qualités de cette forme de vie formulées dans le texte, n'est devenu possible que par l'apprentissage de la nouvelle perception. La perspective de l'attachement de la flore au sol par opposition aux humains et aux animaux vagabonds est associée par le nouveau regard (a) d'une part à une existence sereine et (b) d'autre part à une existence complètement naturelle. Au passage, le narrateur à la première personne évoque d'autres caractéristiques positives des plantes qu'il perçoit maintenant – et qu'il ignorait auparavant : Leur nature silencieuse, leur communauté inoffensive, paisible et fraternelle avec leurs compagnons ainsi que leur existence sereine. Ces premières observations sur la nature et sur ses objets, la décomposition dans le sens propre du mot, des facettes de l'existence que l'on prend pour acquis sont articulées à travers des tropes qui expriment le respect de Ponge pour la flore. L'énumération des caractéristiques de la nature est donc un éloge cérémoniel pour montrer le changement du sujet percevant.

## Troisième étape : s'immerger dans l'objet

Dans l'esthétique de Ponge, le 'rite de passage' n'est pas encore achevé à cette étape. Si l'apprentissage d'une perception différente était un premier pas vers les entités de la nature digne d'une telle vénération, le nouveau regard reste un regard extérieur. Le rapprochement à la nature ressemble à une surpuissance physique et psychologique à travers l'objet.[17] Mais cela exige non seulement une approche visuelle, mais aussi un rapprochement physique par tous les sens à l'entité de la nature et en même temps une grande empathie envers les modes de raisonnement et de sentiment de cette entité. Le sujet de Ponge doit donc établir un contact sensuel à plusieurs niveaux avec ladite entité afin de s'assimiler à la nature et de permettre sa propre transformation. Dans *La Seine*, (1947) le narrateur, qui pourrait aussi être l'auteur lui-même, écrit après ses premières contemplations de la Seine : « Au revoir donc, à demain, chère Seine. Nous nous sommes fort bien comprises. Peut-être ai-je un peu trop réfléchi aujourd'hui, mais cette brève confrontation me fait toujours du bien » (Seine 244). Le sujet doit donc rencontrer régulièrement et rituellement l'entité. Pour ce faire, il est nécessaire de passer par une porte, dans le sens propre du mot, entre l'homme et la nature. Dans *Végétation*, un texte dans *Le Parti pris des choses*, Ponge montre

---

17  « [C]hez Ponge, l'homme ne domine plus le monde, mais qu'il subit l'invasion des choses et qu'en acceptant et en comprenant leur existence, il comprend mieux son propre être ». Brigitte Wanner-Knabenhans, « Le rapport de l'homme et les choses chez Ponge », dans : *Neophilologus* 58,4 (1974), p. 372–390, ici : p. 372.

l'Homme au seuil de sa propre épistémologie du bosquet forestier, qui, à l'exa-
men et à l'approche physique, se révèle être un laboratoire très personnel. « À y
regarder de plus près [la végétation], l'on se trouve alors à l'une des mille portes
d'un immense laboratoire, hérissé d'appareils hydrauliques multiformes [...] »
(PPC 48).[18] Ponge approfondit cette idée du rapprochement physique et de l'entrée dans l'espace de la nature même, pour suivre cette métaphore plus loin :
« Ainsi écrivant sur la Loire d'un endroit des berges de ce fleuve, devrai-je y
replonger sans cesse mon regard, mon esprit. Chaque fois qu'il aura *séché* sur
expression, le replonger dans l'eau du fleuve » (BdlL 337). Il doit donc entrer
lui-même dans l'objet et être en contact physique et tactile constant avec lui. Le
développement souhaité de l'Homme, selon Ponge, implique donc la définition
d'un 'rite de marge' d'après van Gennep, il consiste en un changement d'espace
et décrit également un rite d'assimilation que van Gennep définit comme étant
un changement d'état du sujet (cf. RdP 13).

### Quatrième étape : assimiler et représenter le 'Nouveau'.
### Jeux de métaphores et apprentissage de l'épistémologie
### de l'entité en tant qu'art cérémoniel

Comment le sujet s'approprie-t-il donc ses nombreux contacts avec la nature,
qu'il visite rituellement tous les jours ? L'étape finale est la littérarisation de
l'interaction avec l'objet de la nature sous une forme poétisée. C'est dans les
'textes'[19] de Ponge, qui ne sont quasiment pas catégorisables, qu'il documente
cette connaissance exceptionnelle de l'entité de la nature à travers l'esthétisation
des situations de contact. Puisque c'est l'objet qui doit être présenté ici – sans
intervention du sujet – il est juste de dire que Ponge, en quelque sorte, 's'écrit
au long' de l'objet en ce qui concerne la forme et l'être de l'objet, comme le postule Schmitz-Emans.[20] Les textes de Ponge qui en résultent sont dans le sens de
van Gennep des documents de l'assimilation, je dirais même qu'il s'agit d'une

---

18  Cf. Rodrigo Cordero Cortés, « Hacia una poética de la evidencia : Modalidades de
    la mirada en *Le Parti pris des choses* de Francis Ponge », dans : *Thélème. Revista
    Complutense de Estudios Franceses* 24 (2009), p. 39–51, ici : p. 46. Cortés y montre
    la perspective particulière de Ponge sur les détails des choses (cf. et al. la citation
    ci-dessus, extrait de *Végétation*).

19  Cf. Bernard Veck, « *Le Parti pris des choses* » : *Francis Ponge*, Paris : Bertrand Lacoste
    1994, p. 8.

20  Cf. Monika Schmitz-Emans, « Orpheus und das Wörterbuch – Poetische Sprachreflexi-
    on und Sprachexploration bei Francis Ponge », dans : Id., *Enzyklopädien des Imaginären*,
    en ligne : http://enzyklopaedien.iablis.de/enzo01.html (récupéré le 13 juin 2018).

forme de métamorphose et d'association corporelle documentée. L'empathie de l'Homme envers l'entité doit même impérativement aboutir dans la littérarisation afin de pouvoir vénérer l'entité de la nature.

Le *Carnet du bois de pins* de 1947[21] est exemplaire pour ce rite d'assimilation qui consiste en la concrétisation de l'entité. Le *Carnet* décrit les visites journalières d'un narrateur, qui encore une fois pourrait être l'auteur même, dans une forêt provençale durant la fin d'été de l'année 1940. Le *Carnet*, tout comme *La Seine*, ressemble à un carnet de notes dans lequel le narrateur note ses promenades journalières dans la forêt et ainsi ses rencontres avec la nature. Les descriptions de ses expériences sont ensuite – comme mentionné plus haut – poétisées, c'est-à-dire traduites en poèmes courts, qui, contrairement au poème classique, sont interrompus ou enrichis à plusieurs reprises par des réflexions poétiques et artistiques-esthétiques.[22] Les nombreuses tentatives de Ponge d'écrire un poème à partir de ses expériences impliquent deux aspects que je considère comme étant la forme propre à Ponge d'agréger l'objet de la nature et que je considère donc aussi comme une cérémonie de clôture qui doit attester le changement souhaité. (a) D'une part, Ponge ne trouve jamais une forme close pour l'expression de l'entité et ses expériences avec elle. D'ailleurs, c'est aussi la raison pour laquelle il a écrit des « variations » (Carnet 388) de ses poèmes. Les deux passages exemplaires ci-après issus de la deuxième partie du *Carnet* intitulé 'Formation d'un abcès poétique' sont précédés par une longue description de la forêt et démontrent ce fait. Dans ces deux textes, les éléments mimétiques de la forêt ont déjà été transformés en grands complexes métaphoriques qui envoient à la nouvelle perception exposée par Ponge :

*L'hiver* : Temple de la caducité.

Rongées de lichens les basses branches sont déchues. Et point d'encombre à mi-hauteur. Point de serpentement de lianes ni de cordes. L'on évolue à l'aise entre ces mâts séniles (tout frisés, lichéneux tels des vieillards créoles), dont les tignasses sont emmêlées dans les hauteurs.

*En août* : C'est, tout entourée de miroirs, une halle aux épingles à cheveux odoriférantes, soulevées parfois par la curiosité maladive et prudente des champignons : une brosserie aux longs manches de bois pourpre ciselés, aux poils verts, choisie par la noble et sauvage rousse qui sont de la baignoire lacustre ou marine fumante au bas-côté (Carnet 387s.).

---

21  Francis Ponge, *Le Carnet du bois de pins*, dans : OC 1, p. 377–411 cité par la suite Carnet.

22  Cf. Schmitz-Emans, *Poetische Sprachreflexion*.

Ci-dessous une de plusieurs variations :

> Temple de la caducité ! *L'hiver*, rongées de lichens, les basses branches sont déchues.
> Et point d'encombre à mi-hauteur, point de serpentements de lianes, ni de cordes.
> L'on évolue à l'aise entre ces mâts séniles dont les tignasses ne s'entremêlent aux cieux.

> *En août*, c'est, tout entourée de miroirs, une halle aux épingles à cheveux odoriférantes
> (soulevées parfois par la curiosité maladive et prudente des champignons) – une bros-
> serie aux longs manches ciselés, aux poils verts, par la larmoyante créature qui sort de
> la baignoire marine ou lacustre fumante au bas-côté (Carnet 388).

La révélation de la forêt et les images que le percepteur a reçues à travers la nature
dans laquelle il a été immergé, comme on pouvait le constater dans la troisième
étape, sont conservées par ce même percepteur à travers des comparaisons et
des métaphores élogieuses. Les impressions qui se cachent dans l'épistémologie
de la forêt (son mécanisme d'horlogerie ou plutôt toute son existence) et que le
percepteur a assimilées dans son nouvel état, sont réécrites poétiquement encore et encore en toute humilité et gratitude. La forêt est comparée à un temps
de la vanité en hiver, dans lequel le sujet, qui désormais fait partie de la forêt, se
promène. Les arbres libérés de leurs feuilles sont comparés aux hommes créoles
plus âgés et sont ainsi humanisés. La forêt en été est appréciée pour sa luminosité
que Ponge illustre symboliquement par des miroirs réfléchissant la lumière. La
description des odeurs des pins, de leurs cônes et des champignons dans la forêt
dressent un tableau olfactif de la forêt. La figure mythique aux cheveux roux qui
sort de la baignoire et qui apparait comme un chiffre opaque à ce point du texte
sans que Ponge donne au lecteur le contexte, marque la fin d'une image qui dessine la forêt comme un lieu mythique de purification et de baignade des divinités
originales.[23] Dans cette représentation, la forêt symbolise également un lieu de
fertilité ce qui souligne de manière mimétique sa fonction fécondatrice. La variation du texte peut être considérée comme étant une forme rituelle d'exprimer
la nature mythique. Je la comprends (a) comme un geste d'humilité envers l'objet
de la nature, supérieur à l'appareil cognitif humain, qui paradoxalement ne peut
s'exprimer que par un langage circulaire et approximatif. (b) Ponge compare ses
tentatives poétiques à une forme de travail, ce qui souligne l'aspect d'humilité et
de gratitude. La répétition continue de son insatisfaction à l'égard de son travail
et sa plainte concernant l'inadéquation de l'éloge sur la forêt dans le *Carnet* est
une métaphore pour les honneurs toujours insuffisants d'un disciple :

---

23  Les allusions à Aphrodite sont évidentes.

Si je n'ai gagné que cela en dix jours de travail ininterrompus et acharné (je puis bien le dire), c'est donc que j'ai perdu mon temps. Je serais même tenté de dire, le temps du bois de pins. Car après une éternité d'inexpression dans le monde muet, il est pressé d'être exprimé maintenant que je lui en ai donné l'espoir, ou l'avant-goût (Carnet 398).

J'espère avoir démontré que l'œuvre de Francis Ponge représente un hommage à la capacité de transformation des entités de la nature, et au potentiel humain de se transformer. La métamorphose personnelle implique non seulement la séparation cérémonielle de l'ancien état d'âme mais aussi le passage au changement et enfin l'attachement au nouvel mode de vie. Pour illustrer cette capacité de transformation, Ponge utilise des images, des métaphores, des épistémès et des savoirs des cultures soi-disant 'non civilisées' et de la nature vers 1900 qui comprend des concepts de changement non rationnelles et sans logique. Ponge travaille implicitement avec les épistèmes d'Arnold van Gennep, mais sa poétique du changement les transforme en 'rencontre rituelle' avec la nature.

# Bibliographie

CLEMENS, Leonhard, « Die ‹ rites de passage › nach Arnold van Gennep. Ritual-analyse und theologische Legitimationsstrategien », dans : *Pastoraltheologische Informationen* 35,1 (2015), p. 245–260.

CORDERO CORTES, Rodrigo, « Hacia una poética de la evidencia : Modalidades de la mirada en *Le Parti pris des choses* de Francis Ponge », dans : *Thélème. Revista Complutense de Estudios Franceses* 24 (2009), p. 39–51.

DERRIDA, Jacques, *Signéponge*, Paris : Seuil 1984.

ENGEL, Manfred, « Kulturwissenschaft/en – Literaturwissenschaft als Kulturwis-senschaft – kulturgeschichtliche Literaturwissenschaft », dans : *KulturPoetik. Zeitschrift für kulturgeschichtliche Literaturwissenschaft* 1 (2001), p. 8–36.

GENNEP, Arnold van, *Les rites de passages* [1909], Paris : Picard 1991.

PONGE, Francis / Sollers, Philippe, *Entretiens de Francis Ponge avec Philippe Sollers*, Paris : Gallimard 1970.

PONGE, Francis, *Œuvres complètes*, 2 vol., Bernard Beugnot, Gérard Farasse, Jean-Marie Gleize et al. (éds.), Paris : Gallimard 1999–2002.

RIEDEL, Wolfgang, « Arara = Bororo oder die metaphorische Synthesis », dans : Rüdiger Zymner et al. (éds.), *Anthropologie der Literatur : Poetogene Struk-turen und ästhetisch-soziale Handlungsfelder*, Paderborn : Mentis 2004, p. 220–241.

SARTRE, Jean-Paul, « L'homme et les choses », dans : Id., *Situations I.*, Paris : Gallimard 1947, p. 298–357.

SCHMITZ-EMANS, Monika, « Orpheus und das Wörterbuch – Poetische Sprach-reflexion und Sprachexploration bei Francis Ponge », dans : Id., *Enzyklopädien des Imaginären*, en ligne : http://enzyklopaedien.iablis.de/enzo01.html (récupéré le 13 juin 2018).

VECK, Bernard, « *Le Parti pris des choses* » : *Francis Ponge*, Paris : Bertrand Lacoste 1994.

WANNER-KNABENHANS, Brigitte, « Le rapport de l'homme et les choses chez Ponge », dans : *Neophilologus* 58,4 (1974), p. 372–390.

WILLARD, Nancy, « A Poetry of Things : Williams, Rilke, Ponge », dans : *Comparative Literature* 17,4 (1965), p. 311–324.

Jutta Fortin

# La foudre de l'a-mour :
# peur de l'amour et amour de la littérature
# chez Camille Laurens

**Abstract:** The article considers the works of Camille Laurens with respect to the repeated intertextual references to Flaubert's classic scene of the *coup de foudre* in *L'Éducation sentimentale*. These references are part of a literary ritual, used to frame her protagonists' behavior, to determine her readers' expectations, as well as to dissolve her narrators' / her own fear of love.

Dans le cadre de cette publication consacrée à la ritualité des rencontres, je me propose d'étudier la représentation de la rencontre amoureuse dans l'œuvre littéraire de Camille Laurens. Cette romancière, je le rappellerai brièvement, vient à la littérature en 1991 avec *Index*, le premier volume d'une tétralogie alphabétique. Suivent *Romance* (1992), *Les Travaux d'Hercule* (1994) et *L'Avenir* (1998). Cette série de romans est interrompue par la parution de *Philippe* (1995), le récit autobiographique consacré au deuil de son fils mort à la naissance en février 1994. En 2000 Camille Laurens publie le roman *Dans ces bras-là* ; en 2002, *L'Amour, roman* ; en 2004, *Cet Absent-là. Figures de Rémi Vinet*, dont le texte signé par Camille Laurens intègre une vingtaine de photographies en noir et blanc de Rémi Vinet ; puis, *Ni toi ni moi* en 2006, *Romance nerveuse* en 2010 et *Celle que vous croyez* en 2016. Parallèlement à l'œuvre narrative, la romancière écrit trois livres sur les mots, à savoir *Quelques-uns* (1999), *Le Grain des mots* (2003) et *Tissé par mille* (2008). Elle rédige également une étude des grandes représentations de la femme à travers les œuvres d'art, *Les Fiancées du diable. Enquête sur les femmes terrifiantes* (2011), un essai intitulé *Encore et jamais. Variations* (2013) et un récit inspiré par le modèle d'Edgar Degas, *La Petite Danseuse de quatorze ans* (2017). Jusqu'en 2008, la plus grande partie des ouvrages de Camille Laurens sont publiés chez P.O.L. Après la brouille entre l'écrivaine et son premier éditeur, elle est accueillie par Gallimard. Elle contribue régulièrement à des revues littéraires et journaux.

La rencontre amoureuse constitue un sujet éminemment important chez Camille Laurens, que cette dernière ne cesse de traiter. Dans l'œuvre de fiction et dans les petites formes réflexives, elle interroge notamment la finitude de l'amour, c'est-à-dire la question de savoir pourquoi le sujet est incapable de s'installer dans une relation d'amour durable et vivifiant. La première rencontre entre les amants anticipe, selon la romancière, toujours la fin de l'amour. Le roman *Ni toi ni moi* de Camille Laurens est particulièrement intéressant à cet égard, puisqu'il raconte, en référence ostentatoire au roman *Adolphe* (1815) de Benjamin Constant,[1] l'hypertexte déclaré[2] de *Ni toi ni moi*, une histoire d'amour qui se termine dès qu'elle a commencé ;[3] et que le roman décrit et juxtapose les deux seuls plans d'un film projeté, à savoir la rencontre initiale et la rupture des amants.

*L'Éducation sentimentale* (1848) de Gustave Flaubert est un autre intertexte romanesque du xixᵉ siècle essentiel pour l'œuvre de Camille Laurens, que cette dernière sollicite, dans plusieurs de ses ouvrages, pour signaler l'émergence fulgurante de l'amour, mais aussi sa disparition toujours douloureuse. J'examinerai le sens des références intertextuelles que l'œuvre de Camille Laurens fait à la scène de première vue dans le roman de Flaubert, en étudiant, d'une part, la représentation littéraire de la foudre amoureuse et, d'autre part, ce que la romancière appelle « l'a-mour » (avec a privatif, comme si la lettre « a » était un préfix), c'est-à-dire le fait que l'échec amoureux, le basculement obligatoire de l'amour en indifférence ou en haine, s'annonce dès la première rencontre entre les amants. Je prendrai appui principalement sur les romans *Ni toi ni moi* et *L'Amour, roman* ainsi que sur l'ouvrage hybride (texte et photographies) intitulé *Cet Absent-là* de Camille Laurens.

## « Ce fut comme une apparition. » : la foudre amoureuse

Le roman *Ni toi ni moi* prend la forme d'une correspondance par courrier électronique entre une romancière nommée Camille et un réalisateur français résidant au Canada. Les courriels de Camille, qui constituent la plus grande partie du texte que nous lisons, font alterner des réflexions sur la réalisation d'un film, des propositions de scènes cinématographiques et des fragments réflexifs, qui portent le plus souvent sur l'impossibilité de l'amour vrai et durable. Le cinéaste souhaite porter à l'écran le récit de la narratrice Camille intitulé *L'Homme de ma*

---

1   Cf. Benjamin Constant, *Adolphe* (1815), Daniel Leuwers (éd.), Paris : Flammarion 1989.

2   Selon la terminologie proposée par Gérard Genette dans *Palimpsestes. La littérature au second degré*, Paris : Seuil 1982, p. 11–12.

3   Je me permets de renvoyer, à ce sujet, à mon article intitulé « ‹ Au bal de l'amour, cavalier, cavalière, on danse toujours avec sa mère › : *Ni toi ni moi* de Camille Laurens, *Adolphe* de Benjamin Constant », dans : *Modern and Contemporary France*, 19,3 (2011), p. 253–264.

*mort* qu'il a entendu lire à la radio.[4] Il s'agit de l'histoire d'un homme qui tombe amoureux d'une femme, puis, presque aussitôt et sans motif apparent, se déprend d'elle et manifeste indifférence et haine. On voit bien que c'est essentiellement l'histoire d'Adolphe relatée dans le roman homonyme de Benjamin Constant.

Dans l'échange avec le réalisateur, en effet, la narratrice ne cesse de confondre l'auteur du roman *Adolphe* et Adolphe, le personnage principal de ce texte. Elle assimile à ce personnage du roman son ancien amant, Arnaud, aussi bien que le personnage principal masculin du scénario en cours de développement, nommé également Arnaud. On apprend que, curieusement, l'amant de Camille avait lui aussi le projet d'adapter *Adolphe*. Quant à elle, Camille s'identifie à la fois à Ellénore, la maîtresse d'Adolphe, qui meurt de son amour malheureux dans le roman de Benjamin Constant, et au personnage principal féminin du futur film, appelé Hélène. À l'instar de la narratrice Camille (et de l'auteure Camille Laurens), Hélène est romancière. Elle suit le montage d'une pièce de théâtre, intitulée *Benjamin l'inconstant*, qu'elle a rédigée à partir de l'ensemble de l'œuvre littéraire de Benjamin Constant. À chaque fois que le discours romanesque du livre de Camille Laurens *Ni toi ni moi* se réfléchit dans un de ces autres textes, soit-il réel ou fictif, il est renforcé jusqu'à en devenir redondant. En effet, la curieuse multitude de personnages revêt seulement deux rôles opposés : celui de l'amant qui n'aime plus la femme qu'il a séduite, et celui de l'amante abandonnée. Toujours pareil, le partage des rôles devient quasiment rituel.

Après avoir décrit la scène de première rencontre entre les amants, la narratrice Camille souligne que le futur film doit montrer le « vrai » début de l'amour, selon elle, à savoir « la peur que c'est » : « L'angoisse est pourtant le signe initial de l'amour, comme elle en signe aussi la fin, c'est même une chose étrange, cette symétrie : l'amour commence comme il finira, il finit comme il a commencé, par cet effroi qui serre le cœur autour d'un vide ».[5] En règle générale, dans les romans de Camille Laurens, la naissance de l'amour ne provoque pas d'euphorie, mais elle est, au contraire, source d'angoisse. Cette angoisse, qui accompagne

---

4    Camille Laurens n'est pas la seule à présenter son roman comme la préparation d'un film ou le résultat d'un scénario plus ou moins abouti, comme le constatent Bruno Vercier et Dominique Viart dans *La Littérature française au présent* (Paris : Bordas 2008, p. 294). À titre d'exemple, Jérôme Beaujour, dans le roman *Dans le décor* (Paris : P.O.L 2005), et Christophe Donner, dans *Un Roi sans lendemain* (Paris : Grasset 2007), utilisent un dispositif narratif semblable ; tandis que Didier Blonde, dans *Les Fantômes du muet* (Paris : Gallimard 2007), convoque le cinéma muet pour questionner l'importance relative du langage et de l'image.

5    Camille Laurens, *Ni toi ni moi*, Paris : P.O.L 2006, p. 28.

toujours la première rencontre amoureuse, peut être considérée comme rituelle au sens où elle contribue à organiser cet événement dans le texte littéraire, tout en anticipant la fin de l'amour. Même si le fait de savoir, dès son commencement, que l'amour va disparaître est profondément dysphorique, on peut considérer que le caractère répétitif de la représentation de la première rencontre parvient, sinon à apaiser, du moins à supporter l'angoisse que suscite invariablement cet événement.

Sans doute en va-t-il de même de la référence intertextuelle à la scène de première vue dans *L'Éducation sentimentale* de Flaubert qui définit le comportement des amants dans les récits de Camille Laurens. Ainsi, la référence à la scène de Flaubert elle-même, dans la mesure où elle structure obligatoirement le texte de Camille Laurens que nous lisons, devient rituelle :

> Ce fut comme une apparition : Elle était assise, au milieu du banc, toute seule ; ou du moins il ne distingua personne, dans l'éblouissement que lui envoyèrent ses yeux. En même temps qu'il passait, elle leva la tête ; il fléchit involontairement les épaules ; et, quand il se fut mis plus loin, du même côté, il la regarda.[6]

C'est ainsi que *L'Éducation sentimentale* décrit la première rencontre entre Frédéric Moreau et Mme Arnoux. Frédéric aperçoit Mme Arnoux, se met à l'observer, ne voit rien d'autre qu'elle. Le coup de foudre amoureux entraîne une immense curiosité, le désir de tout connaître de l'autre, comme le montre la suite du roman de Flaubert :

> Quels étaient son nom, sa demeure, sa vie, son passé ? Il souhaitait connaître les meubles de sa chambre, toutes les robes qu'elle avait portées, les gens qu'elle fréquentait ; et le désir de la possession physique même disparaissait sous une envie plus profonde, dans une curiosité douloureuse qui n'avait pas de limites.[7]

Chez Camille Laurens, l'amour a un double lien avec la curiosité et, plus généralement, avec le désir de savoir, l'envie de comprendre. D'une part, lors de la première rencontre entre les amants, l'amour étonne au sens de surprendre quelqu'un par quelque chose d'extraordinaire ou d'inattendu ; et la curiosité est ainsi le signe de l'amour naissant. D'autre part, l'amour est l'objet de la curiosité des narratrices à la première personne, qui ne cessent d'entreprendre de véritables recherches au sujet de l'amour quand la relation amoureuse a échoué.

Cependant, les références intertextuelles au roman de Flaubert qui surviennent à plusieurs reprises et dans plusieurs des récits de Camille Laurens cadrent non

---

6    Gustave Flaubert, *L'Éducation sentimentale* (1848), préface d'Albert Thibaudet, Paris : Gallimard 1927, 1935 et 1965, p. 22.

7    Ibid., p. 22–23.

seulement le comportement des personnages romanesques à l'intérieur de la diégèse, mais également le nôtre, c'est-à-dire le comportement et l'attente des lecteurs, puisque nous aussi sommes lecteurs de Flaubert, de même que les narratrices et les personnages inventés par Camille Laurens. Il n'est pas anodin à cet égard que *L'Éducation sentimentale* puisse être considéré comme un classique de la littérature française. Comme l'observe Frédérique Toudoire-Surlapierre dans l'essai intitulé *Oui/non*, à travers les références intertextuelles que l'œuvre de Camille Laurens fait au roman de Flaubert, la romancière revendique le *topos* du roman d'amour comme démarche littéraire, la présence textuelle de *L'Éducation sentimentale* conférant à l'émotion amoureuse la légitimité culturelle du patrimoine classique.[8]

Dans *L'Amour, roman*, la narratrice Camille s'interroge sur l'héritage amoureux dans sa famille maternelle, cette réflexion étant elle-même motivée par une crise conjugale. Il est significatif que la scène de première vue, c'est-à-dire la première rencontre entre Camille et son futur mari, Julien, soit racontée rétrospectivement avec humour et ironie. Conjointement avec la référence rituelle au roman de Flaubert, cette démarche stylistique sert à se détacher émotionnellement du contenu douloureux de son propre récit. Selon *L'Amour, roman*, c'est pour faire plaisir à sa meilleure amie, qui pense être amoureuse de Julien, que la narratrice Camille accepte d'assister à l'exposé de Julien sur *L'Éducation sentimentale*. Si Camille est amenée à observer Julien, ce n'est donc pas parce qu'elle le désire, mais parce que son amie lui a demandé ce service. Au moment où Camille entre dans la salle de cours à l'université, Julien a déjà commencé son intervention. Il est parlant qu'il se mette à lire précisément le passage de *L'Éducation sentimentale* qui correspond au récit de la première rencontre entre Frédéric et Mme Arnoux. Le roman de Camille Laurens reproduit l'ensemble de ce passage, avant de s'y référer encore une fois, un peu plus loin, lorsque Julien cherche à revoir Camille en publiant l'annonce suivante dans *Libération* : « Ce fut comme une apparition samedi 8h30 à Cauchy Aimerais te revoir Appelle-moi Julien. »[9] On notera que cette phrase, mise dans la bouche de Julien, qui de fait en constitue plusieurs et qui renonce à tout signe de ponctuation, contraste ostentatoirement avec le style de Flaubert.

Selon le premier sens du verbe « regarder », la narratrice Camille cherchait à percevoir Julien, à le connaître par le sens de la vue.[10] Or, c'est un regard

---

8    Cf. Frédérique Toudoire-Surlapierre, *Oui/non*, Paris : Minuit 2013, p. 268.

9    Camille Laurens, *L'Amour, roman*, Paris : P.O.L 2002, p. 21.

10   Cf. *Trésor de la Langue Française informatisée*, en ligne : http://atilf.atilf.fr/fr/ (récupéré le 16 août 2018), entrée « Regarder ».

réciproque. De son côté, Julien voit Camille et s'éprend d'elle. C'est pour cela qu'il lui demande de le rencontrer de nouveau : il désire la revoir pour la connaître. Certes, Camille ne tombe pas amoureuse de Julien au premier coup d'œil, l'appelant au contraire, avec mépris, un « gommeux »[11]. Mais la scène qui raconte leur premier rendez-vous en tête à tête montre indubitablement la curiosité des deux amants envers l'autre, révélée par leur désir réciproque de « tout se dire ».[12] Dans ce passage d'une page et demie qui consiste en une seule longue phrase, la densité du texte et le fait qu'il s'agit d'un dialogue entre deux amants, rapporté apparemment en discours direct, sans points finaux séparant clairement les phrases de l'un ou de l'autre, reflètent l'essoufflement des amants frappés par la foudre amoureuse et représentent, symboliquement, leur unité.[13]

À la fin du roman, lorsque les époux prennent la décision de se séparer, Julien, comme on l'apprend par le détour d'une phrase, relit *L'Éducation sentimentale*.[14] Le roman de Flaubert revêt une importance particulière pour les deux époux, étant donné qu'ils se sont rencontrés lors d'un cours de littérature à l'université où Julien faisait un exposé sur ce texte. *L'Éducation sentimentale* est donc présent « matériellement » en tant qu'objet livre, et non seulement à travers un certain nombre de références textuelles, puisque Julien le tient en mains aussi bien au moment où les futurs époux tombent amoureux qu'au moment où ils rompent définitivement.

## L'a-mour

Le coup de foudre de l'amour, puis la soudaine transformation de ce sentiment puissant en indifférence, est le sujet central du livre *Cet Absent-là*, une collaboration entre Camille Laurens et le photographe Rémi Vinet. Comme la romancière le souligne lors d'un entretien, elle sentait, dès la parution de ce petit livre, auquel elle dit être spécialement attachée, qu'elle allait le développer.[15] Le bref récit signé par Camille Laurens annonce en effet le roman *Ni toi ni moi*, qui explore de nouveau, comme nous venons de le voir, la première rencontre et la rupture entre la narratrice Camille et son amant, Arnaud. La romancière reprend une troisième fois ce même matériau littéraire dans le chapitre « Tchin

---

11  Camille Laurens, *L'Amour, roman*, p. 22.
12  Ibid., p. 22.
13  Ibid., p. 22–24.
14  Ibid., p. 225.
15  Cf. Camille Laurens, « Entretien avec Florent Georgesco », dans : Florent Georgesco et al. (éds.), *Camille Laurens*, Paris : Léo Scheer 2011, p. 7–109, ici : p. 90.

tchin » de son essai *Encore et jamais. Variations* (2013). Évidemment, l'utilisation répétée en indique l'importance particulière, en même temps que la figure
de répétition renvoie fortement à la fonction du rite en tant que mécanisme de
maîtrise sociale et émotionnelle.

L'incipit de *Cet Absent-là* est une réécriture de la scène de première vue de
Flaubert. Les références à *L'Éducation sentimentale* abondent dans la première
partie du récit qui cite textuellement les deux phrases-clé : « Ce fut comme une
apparition. » et « Leurs yeux se rencontrèrent. ». Le lecteur comprend donc non
seulement que la foudre amoureuse frappe la narratrice à la première personne
du récit, mais aussi que l'auteure, Camille Laurens, « beigne », pour ainsi dire,
dans le roman de Flaubert. En effet, c'est comme si le lecteur était lui-même
frappé littéralement à la fois par les références plus ou moins explicites à Flaubert,
par le style abrupt de l'incipit et ses phrases courtes, et par les répétitions de
l'incipit, qui évoquent les éclairs et tonnerres d'une tempête :

> C'est le premier soir, il y a beaucoup de monde, on danse, on parle, on boit. Je suis là
> depuis une heure, je danse, je bois, je parle. Et soudain m'arrive une chose extraordi-
> naire, imprévisible, imprévue : j'apparais. J'en ai conscience dans l'instant, on dirait un
> éclair de flash, dont la surprise me serre la gorge comme on cligne des paupières, je le
> sais aussitôt, c'est fulgurant : on me voit ; quelqu'un est en train de me voir.[16]

Dans le roman de Flaubert, les phrases courtes (« Ce fut comme une apparition. ») alternent avec des phrases longues et, ainsi, s'en détachent. C'est le coup
de tonnerre qui fait écho à l'étonnement de celui qui est frappé par le coup de
foudre de l'amour, à la manière dont l'éclair, au cours d'un orage, est suivi par
le tonnerre. L'incipit de Camille Laurens, lui, renvoie à la tempête intérieure de
la narratrice, qui tombe amoureuse.

Jean Rousset analyse la scène de première vue dans *Leurs Yeux se rencontrèrent. La scène de première vue dans le roman*. Le thème de son étude est « une
scène, rien de plus », dit-il en introduction :

> [...] quelques lignes, parfois quelques pages, c'est peu dans la continuité d'un roman ;
> c'est beaucoup si l'on admet qu'elles constituent une scène clé, à laquelle se suspend la
> chaîne narrative, c'est beaucoup aussi dès que l'on jette un coup d'œil sur l'ensemble de
> notre trésor littéraire, où la scène de rencontre est partout – ou presque.[17]

Répétée non sans variantes, la scène de première vue possède, selon Rousset,
un caractère quasi-rituel. Elle est devenue une forme fixe, liée à une situation

---

16  Camille Laurens, *Cet Absent-là. Figures de Rémi Vinet*, Paris : P.O.L 2004, p. 11.
17  Jean Rousset, *Leurs Yeux se rencontrèrent. La scène de première vue dans le roman*,
Paris : José Corti 1981, p. 7.

fondamentale : le face à face qui joint les héros en couple principal, la mise en présence de ceux qui se voient pour la première fois. Rousset souligne la manière dont l'ouverture de la fameuse scène de Flaubert déploie les virtualités de l'opération oculaire : « surgissement imprévu, bouleversant, d'un champ visuel d'abord reçu passivement (l'effet précédant une cause non définie, encore à venir), ensuite modifié en acte volontaire : ‹ Il la regarda ›, pour se clore en fin de séquence par la formule quasi rituelle : ‹ Leurs yeux se rencontrèrent ›. »[18] Pareillement, selon la narratrice de *Cet Absent-là*, être aimé, c'est arrêter le regard de l'autre sur soi-même. L'objet aimé serait « l'objet, c'est-à-dire l'obstacle qui stoppe la course négligente des yeux, ce qui est littéralement jeté là pour capter le regard ».[19]

Si la narratrice de *Cet Absent-là* insiste autant sur les premiers moments de l'amour, c'est parce que, selon elle, après l'apparition fulgurante de l'amour, vient inévitablement sa disparition. Cette symétrie se reflète également dans la construction du récit. Comme l'explique l'auteure, le récit commence par « la fête du début avec l'apparition » et se termine par « une fête qui serait un peu le contraire : le refus de l'arrêt sur l'image, de l'apparition hypnotique, du coup de foudre … »[20]. En effet, la narratrice attend en vain de revoir l'apparition du premier jour : le regard de son amant reste, non pas un regard vide, mais un regard « plein de vide »[21], qui reflète l'état anéanti de la narratrice. La scène de rupture est décrite en référence oblique à la scène de première rencontre dans *L'Education sentimentale* ; l'allusion à l'importance de l'enfance est significative :

> Nous avons rendez-vous. C'est le dernier soir, mais nous ne le savons pas. Je suis assise en face de toi à l'étage du café de la Mairie, sous sommes seules, tu es tout en noir, je suis immobile et raide. J'essaie de parler, mais ma voix t'est insupportable. Alors ton regard me traverse et me troue, et voici que mon corps se défait, s'absente ou s'apparente à une absence, quelque chose me revient d'un lieu de mon enfance.[22]

Le chapitre « Tchin tchin » de l'essai *Encore et jamais. Variations* résume brièvement le coup de foudre amoureux lors d'une soirée d'anniversaire (c'est le début de l'histoire de *Cet Absent-là*) ; puis, il relate une nouvelle rencontre entre les anciens amants, deux ans après leur séparation, pour terminer sur un passage réflexif portant sur les raisons possibles de la défaillance de leur relation d'amour.

---

18  Ibid., p. 25.
19  Camille Laurens, *Cet Absent-là. Figures de Rémi Vinet*, p. 14.
20  Camille Laurens, *Entretien avec Florent Georgesco*, p. 89.
21  Camille Laurens, *Cet Absent-là. Figures de Rémi Vinet*, p. 63.
22  Ibid., p. 78.

Le chapitre commence par décrire, du point de vue de la narratrice / de l'auteure, le regard qu'Arnaud posait sur elle lors de leur première rencontre :

> Ses yeux, fixés sur moi, aussitôt enfoncés dans les miens, brillent de cet éclat qui est – comment se tromper ? – celui du désir, et du plus tendre, et du plus fort. Tout son visage est un sourire amoureux qui me demande, à moi, une réponse dont il n'a pas l'air de douter. C'est comme s'il criait à travers la pièce : Je te vois.[23]

L'improbable scène d'une seconde première rencontre des anciens amants, lors d'un cocktail où ils se retrouvent fortuitement en présence l'un de l'autre, répète celle de leur rencontre initiale. La narratrice remarque Arnaud à l'autre bout de la pièce. Le regard d'Arnaud est empreint d'une aura de désir. Ce qui est cependant différent par rapport à leur première rencontre, c'est le fait qu'Arnaud ne regarde pas la narratrice. Son regard est tourné vers rien, il tombera indifféremment sur quelqu'un. Au bout d'un an, comme le note la narratrice en jouant avec le sème de la vue, « je te vois » se serait donc transformé en « je ne peux plus te voir ».[24]

Je voudrais revenir sur la description de la première scène du film développé dans *Ni toi ni moi* et au sujet du regard, synonyme de l'amour, mais également au sujet du jeu optique, qui renvoie à l'illusion amoureuse. Le premier regard échangé par les amants, tel que doit le montrer le film, est décrit ainsi par la narratrice du roman :

> J'étais en train de parler à quelqu'un quand j'ai eu brusquement la sensation physique de me découper dans l'espace, d'être éclairée comme par la lumière d'un flash. J'ai tourné la tête, il me regardait dans la glace au-dessus de la cheminée [...] c'est dans ce miroir que nous nous sommes rencontrés.[25]

La première rencontre est ici purement virtuelle, les regards des amants étant médiatisés par un miroir.

Or, la présence insistante de l'image du miroir suggère un jeu non seulement sur l'illusion, mais également sur l'inversion. La narratrice propose de parsemer les premières séquences du film de « panneaux indicateurs de l'amour », qu'il faudra retirer ensuite pour montrer que « ça s'inverse ».[26] Le dernier regard de l'amant, Arnaud, doit être, selon la narratrice, « l'exact négatif du premier »[27], exprimant la force destructrice de la haine. Symboliquement, le miroir transforme le roman d'amour en roman de haine. C'est ainsi que la narratrice peut donner

---

23  Camille Laurens, *Encore et jamais. Variations*, Paris : Gallimard 2013, p. 88.
24  Ibid., p. 89.
25  Camille Laurens, *Ni toi ni moi*, p. 30.
26  Ibid., p. 81.
27  Ibid., p. 286.

au cinéaste le résumé suivant du scénario, modifiant ironiquement le synopsis que donnait Hitchcock de tous ses film : « Boy doesn't meet girl. »[28]

Camille convoque le synopsis d'Hitchcock à propos de la première rencontre entre Terry McKay et Nickie Ferrante dans le film de Leo McCarey, *Elle et lui* (1957).[29] En effet, elle propose de montrer dans son propre film plusieurs passages de ce grand film d'amour avec Deborah Kerr et Cary Grant dans les rôles principaux. Dans ce film, on s'en souviendra, Terry et Nickie se rencontrent en plein océan sur un paquebot luxueux sur le chemin de retour d'Italie à New York. Ils tombent irrésistiblement amoureux l'un de l'autre et se promettent de se retrouver six mois plus tard sur le sommet de l'Empire State Building, après avoir réglé leurs vies respectives. Au jour de leur rendez-vous, Nickie attend en vain en haut de la tour, Terry ayant été renversée par une voiture devant l'Empire State Building. Elle est paralysée. Plusieurs mois plus tard, à la veille de Noël, Nickie aperçoit Terry lors d'un concert. Il va la voir le lendemain et apprend la raison qui avait empêché Terry de le rejoindre en haut de l'Empire State Building. La dernière phrase du film est celle de Terry : « Si tu peux peindre, je peux marcher. Tout peut arriver, tu ne crois pas ? » ; les derniers mots, ceux de Nickie : « Oui, ma chérie. »[30] Pour ce qui est du projet de film, la narratrice Camille souhaite utiliser la scène de première rencontre entre Terry et Nickie ; puis celle où Nickie attend Terry en vain ; enfin la dernière image du film, qui montre les amants dans l'étreinte de leurs retrouvailles heureuses, chuchotant l'un à l'autre des mots d'amour. La présence en palimpseste d'*Elle et Lui* dans le roman *Ni toi ni moi* sert principalement à rendre visible le malaise d'Hélène et Arnaud, qui s'installe dès le début de leur relation, en le contrastant avec la légèreté du couple heureux dans film de McCarey.

***

L'amour, selon Camille Laurens, c'est l'a-mour. L'a de l'amour, entendu comme un préfixe privatif, marque la privation, la négation, le manque, la distance à jamais insurmontable entre les amants.[31] Les textes réflexifs viennent confirmer à ce sujet le point de vue foncièrement pessimiste des narratrices à la première personne mises en scène dans l'œuvre de fiction de l'auteure Camille Laurens. Le seul titre du livre *L'Amour, roman* renvoie à l'impossibilité de l'amour dans la

---

28  Ibid., p. 143.
29  Cf. ibid., p. 137.
30  Cf. Leo McCarey (réalisation), *Elle et lui* [*An Affair to Remember*], scénario de Leo McCarey, Delmer Daves, Mildred Cram et Donald Ogden Stewart 1957.
31  Cf. Camille Laurens, *Le Grain des mots*, Paris : P.O.L 2003, p. 83.

réalité, de même que le titre *Cet Absent-là*, qui correspond au titre fictif *L'Homme de ma mort* à l'intérieur de l'œuvre de fiction. Il est révélateur que la notion d'absence et celle de mort soient superposées à travers ces deux titres. Dans le texte consacré au verbe « partir » dans *Le Grain des mots*, Camille Laurens évoque la proximité de partir et de mourir, qui viendrait de ce que, dans les deux cas, on laisse une partie de soi derrière soi.[32] De même que le coup de foudre amoureux permet aux amants une renaissance en commun, leur rupture serait toujours, pour emprunter la formule de Barthes, « une micro-expérience de la mort »[33]. L'expression argotique « se casser » rendrait parfaitement la douleur de la séparation involontaire au sens où elle renvoie métaphoriquement à l'arrachement et à la brisure.

Sans doute n'est-il pas un hasard si les ouvrages de Camille Laurens qui interrogent de front le basculement de l'amour en haine ont partie liée avec les arts du visuel : l'un (*Cet Absent-là*) avec la photographie, l'autre (*Ni toi ni moi*) avec le cinéma. La formule rituelle « Leurs yeux se rencontrèrent. » n'est pas un sésame ouvre-toi ; elle révèle, au contraire, dès la première rencontre, l'impossibilité d'un amour vrai et durable.

Les nombreuses références intertextuelles à *L'Éducation sentimentale* de Flaubert, qui se font également écho à l'intérieur de l'œuvre de Camille Laurens par un jeu d'intertextualité interne, peuvent être considérées comme faisant partie d'un rite. Il s'agit d'une démarche littéraire à caractère quasi-obligatoire qui sert à structurer le comportement des amants fictifs en même temps qu'elle manipule l'attente du lecteur. Il semble que la sollicitation rituelle du roman de Flaubert, ainsi que son utilisation spécifique notamment dans l'œuvre romanesque, aient aussi et surtout pour fonction d'apaiser l'angoisse de l'auteure. Malgré la dysphorie qui se greffe d'emblée sur sa lecture de Flaubert, puisque les amants dans *L'Éducation sentimentale* sont également incapables de s'installer dans une relation d'amour vivifiante, il n'y a aucun doute que le jeu avec cet intertexte enjoue la romancière, cette amante de la littérature. Sans doute la pratique de l'intertextualité, proche à la fois du bricolage et du jeu des enfants, comme l'ont bien souligné Claude Lévi-Strauss, Antoine Compagnon et Gérard Genette,[34] est-elle fondamentalement réparatrice.

---

32  Ibid., p. 52.
33  Roland Barthes, *La Chambre claire. Note sur la photographie*, Paris : Cahiers du cinéma / Gallimard / Seuil 1980, p. 30.
34  Cf. Claude Lévi-Strauss, *La Pensée sauvage*, Paris : Plon 2009 ; Antoine Compagnon, *La Seconde Main ou le travail de la citation*, Paris : Seuil 1979 ; Gérard Genette, *Palimpsestes*.

C'est en effet par le biais d'autres textes littéraires (romans, contes, mythes, chansons populaires) et œuvres d'art (films, tableaux, photographies, sculptures) que l'œuvre de Camille Laurens évoque discrètement la raison pourquoi la rencontre initiale présage l'échec amoureux, ce qui à la fois rend nécessaire le recours à la ritualité et détermine la représentation littéraire de la rencontre entre les amants. L'impossibilité de l'amour durable, pour le dire en peu de mots, est liée à la perte de l'amour maternel dans l'enfance, à la relation problématique du sujet à la mère, qui détient l'amour de son enfant devenu adulte. Toute rencontre amoureuse rappelle invariablement le fantôme de la « mère morte »[35], qui renvoie non seulement à l'angoisse enfantine d'être abandonné par sa mère, mais également à celle de l'adulte d'être déçu encore en se liant d'amour à quelqu'un d'autre.[36]

La romancière affirme lors d'un entretien que la rencontre est « une hallucination, une création ». Selon elle :

La rencontre se fait à partir d'images anciennes qu'on porte en soi, parfois de manière inconsciente. [...] D'un coup, il y a une adéquation entre l'imaginaire et le réel, d'où l'illusion de reconnaître quelqu'un, d'avoir trouvé sa moitié, comme dans le mythe de l'androgyne. Ce détail, qui est comme tatoué dans le subconscient, est réactivé par la vue.[37]

Les images anciennes qu'on porte en soi sont des images de l'enfance, notamment de la mère. Si Camille Laurens crée et recrée dans son œuvre de fiction la scène de première vue, les références intertextuelles qu'elle fait à *L'Éducation sentimentale* de Flaubert, mais aussi à *Adolphe* de Benjamin Constant, à *Bérénice* de Racine, l'aident sans doute à maîtriser non seulement la représentation littéraire des premières et dernières rencontres entre les amants, mais encore à garder l'illusion de maîtriser la rencontre amoureuse dans la vie.[38]

---

35  Selon la notion proposée par André Green dans « La mère morte » (1980), *Narcissisme de vie, narcissisme de mort*, Paris : Minuit 2007, p. 247–283.
36  C'est la thématique qui m'a intéressé dans mon essai *Camille Laurens, le kaléidoscope d'une écriture hantée*, Villeneuve d'Ascq : Presses universitaires du Septentrion 2017.
37  Camille Laurens, dans Jeanne Ferney, « La rencontre est une création », *Le Magazine littéraire*, 12 février 2014, p. 12.
38  Ce travail de recherche a été financé par le Fonds autrichien pour la science (FWF) dans le cadre du projet V159-G20, intitulé : « Disparition, photographie et fantomatique dans les littératures française et italienne du présent ».

# Bibliographie

BARTHES, Roland, *La Chambre claire. Note sur la photographie*, Paris : Cahiers du cinéma / Gallimard / Seuil 1980.

BEAUJOUR, Jérôme, *Dans le décor*, Paris : P.O.L 2005.

BLONDE, Didier, *Les Fantômes du muet*, Paris : Gallimard 2007.

COMPAGNON, Antoine, *La Seconde Main ou le travail de la citation*, Paris : Seuil 1979.

CONSTANT, Benjamin, *Adolphe* (1815), Daniel Leuwers (éd.), Paris : Flammarion 1989.

DONNER, Christophe, *Un Roi sans lendemain*, Paris : Grasset 2007.

FERNEY, Jeanne, « La rencontre est une création », *Le Magazine littéraire*, 12 février 2014.

FLAUBERT, Gustave, *L'Éducation sentimentale* (1848), préface d'Albert Thibaudet, Paris : Gallimard 1927, 1935 et 1965.

FORTIN, Jutta, « ‹ Au bal de l'amour, cavalier, cavalière, on danse toujours avec sa mère › : *Ni toi ni moi* de Camille Laurens, *Adolphe* de Benjamin Constant », dans : *Modern and Contemporary France*, 19,3 (2011), p. 253–264.

FORTIN, Jutta, *Camille Laurens, le kaléidoscope d'une écriture hantée*, Villeneuve d'Ascq : Presses universitaires du Septentrion 2017.

GENETTE, Gérard, *Palimpsestes. La littérature au second degré*, Paris : Seuil 1982.

GREEN, André, « La mère morte » (1980), dans : Id., *Narcissisme de vie, narcissisme de mort*, Paris : Minuit 2007, p. 247–283.

LAURENS, Camille, *L'Amour, roman*, Paris : P.O.L 2002.

LAURENS, Camille, *Le Grain des mots*, Paris : P.O.L 2003.

LAURENS, Camille, *Cet Absent-là. Figures de Rémi Vinet*, Paris : P.O.L 2004.

LAURENS, Camille, *Ni toi ni moi*, Paris : P.O.L 2006.

LAURENS, Camille, « Entretien avec Florent Georgesco », dans : Florent Georgesco et al. (éds.), *Camille Laurens*, Paris : Léo Scheer 2011, p. 7–109.

LAURENS, Camille, *Encore et jamais. Variations*, Paris : Gallimard 2013.

LÉVI-STRAUSS, Claude, *La Pensée sauvage*, Paris : Plon 2009.

MCCAREY, Leo (réalisation), *Elle et lui [An Affair to Remember]*, scénario de Leo McCarey, Delmer Daves, Mildred Cram et Donald Ogden Stewart 1957.

ROUSSET, Jean, *Leurs Yeux se rencontrèrent. La scène de première vue dans le roman*, Paris : José Corti 1981.

TOUDOIRE-SURLAPIERRE, Frédérique, *Oui/non*, Paris : Minuit 2013.

*Trésor de la Langue Française informatisée*, en ligne : http://atilf.atilf.fr/fr/.

VERCIER, Bruno / Viart, Dominique, *La Littérature française au présent*, Paris : Bordas 2008.

# Auteur(e)s

**Julie Anselmini**
Maître de conférences en Littérature à l'Université de Caen-Normandie et spécialiste de la littérature française du xixᵉ siècle, Julie Anselmini travaille particulièrement sur l'œuvre d'Alexandre Dumas père (elle a publié *Le Roman d'Alexandre Dumas père ou la réinvention du merveilleux* chez Droz en 2010, dirigé un volume collectif sur *Dumas critique* paru aux PULIM en 2013, édité *Gaule et France* de Dumas chez Garnier en 2013) ; elle s'intéresse plus généralement à l'émerveillement en littérature (elle a codirigé sur cette question un ouvrage avec Marie-Hélène Boblet paru aux ELLUG en 2017) et elle a également travaillé sur des auteurs tels que Sand, Gautier ou Barbey d'Aurevilly, notamment sous l'angle des relations entre littérature et critique.

**Sylvester Bubel**
Sylvester Bubel est collaborateur scientifique à la chaire de littérature allemande moderne de Prof. Dr. Manfred Engel à l'Université de la Sarre, Sarrebruck depuis 2017. Entre 2014 et 2017 il était collaborateur scientifique à la chaire de philologie romane de Prof. Dr. Gesine Müller à l'Université de Cologne, Allemagne. Sa thèse de doctorat *Poetiken der Epiphanie in der europäischen Moderne. Studien zu Joyce, Proust, Benjamin und Ponge* paraîtra en 2019. Parmi ses publications, on trouvera entre autres (avec Gesine Müller) : « Entre estética y política. Ideas de una literatura mundial en la correspondencia Unseld – Paz », dans : *iMex. México Interdisciplinario / Interdisciplinary Mexico* 10,2 (2016), p. 108–117 ; « Bewegungen vor der Bewegung. Drei meta-methodologische Fragen zu Theorie und Praxis der Romanistik heute », dans : Julian Drews et al. (éds.) : *Romanistik in Bewegung. Aufgaben und Ziele einer Philologie im Wandel*, Berlin : Kadmos 2017, p. 103–114.

**Jutta Fortin**
Jutta Fortin enseigne la littérature française et italienne à l'Université de Vienne. Sa recherche, financée par le Fonds autrichien pour la science, porte sur le récit contemporain, notamment sur l'imaginaire spectral, les relations intertextuelles et intersémiotiques et la lecture psychanalytique. Elle est membre du CIEREC EA n° 3068, Université de Lyon, F-42023 Saint-Étienne. Elle a préparé et soutenu une thèse de doctorat portant sur la littérature fantastique du xixᵉ siècle à l'Université de Cambridge (1999–2003) ; elle a passé des séjours postdoctoraux à

l'Université Jean Monnet à Saint-Étienne, au sein du CIEREC (2006–2008), et à l'Université de Gênes (2016–2017). Elle a publié deux livres : *Camille Laurens, le kaléidoscope d'une écriture hantée* (Villeneuve d'Ascq, Presses universitaires du Septentrion, 2017) et *Method in Madness. Control Mechanisms in the French Fantastic* (Amsterdam, Rodopi, 2005). Les volumes dont elle a codirigé la publication s'intitulent : *L'Imaginaire spectral de la littérature contemporaine* (avec Jean-Bernard Vray, Saint-Étienne, Publications universitaires de Saint-Étienne, 2012), *Alain Fleischer écrivain* (avec Jean-Bernard Vray, Paris, Le Seuil, « Le Genre humain », 2013) et *Yves Ravey. Une écriture de l'exigence* (avec Wolfgang Asholt et Jean-Bernard Vray, Villeneuve d'Ascq, « La Revue des Sciences humaines », 2017).

### Kirsten von Hagen
Kirsten von Hagen est professeur de littérature romane et de sciences culturelles romanes à l'Université de Giessen. Ses recherches portent sur les littératures et les cultures françaises et espagnoles des XIV$^e$ et XX$^e$ siècles, l'intermédialité, la poétique épistolaire, la figure de la bohémienne, la littérature et l'opéra et sur la médecine dans la littérature. Elle est l'auteure de *Telefonfiktionen. Spielformen fernmündlicher Kommunikation* (Fink, 2015), *Inszenierte Alterität : Zigeunerfiguren in Literatur, Oper und Film* (Fink, 2009) et *Intermediale Liebschaften : Mehrfachadaptationen von Choderlos de Laclos' Les Liaisons dangereuses* (Stauffenburg, 2002). En 2018 est paru *Mythos Vampir – Bissige Lektüren* (en collaboration avec Thomas Bohn).

### Wolfram Nitsch
Wolfram Nitsch est professeur de littérature française et hispanique à l'Université de Cologne. Ses principaux champs de recherche sont la prose française du XX$^e$ siècle, la littérature espagnole du siècle d'or et la littérature argentine moderne, ainsi que la médiologie, l'anthropologie littéraire et la théorie de l'espace. Il a publié les livres *Sprache und Gewalt bei Claude Simon* (1992) et *Barocktheater als Spielraum* (2000) ; en outre, il est co-auteur du livre *Komödie* (2013). Dernièrement, il a codirigé les volumes *Lectures allemandes de Claude Simon* (2013), *Scénarios d'espace* (2014), *Le mouvement des frontières* (2015) et *Marcel Proust und der Erste Weltkrieg* (2017). De 2014 à 2018, il a dirigé un projet de recherche sur la poétique du terrain vague (www.terrainvague.de).

### Daniel Sangsue
Daniel Sangsue est professeur émérite de littérature française de l'Université de Neuchâtel. Spécialiste du dix-neuvième siècle et poéticien, il a publié plusieurs

essais critiques : *Le Récit excentrique* (Corti, 1987), *Stendhal et l'empire du récit* (SEDES, 2002), *La Parodie* (Hachette, 1994), *La Relation parodique* (Corti, 2007), *Fantômes, esprits et autres morts-vivants, essai de pneumatologie littéraire* (Corti, 2011), *Vampires, fantômes et apparitions, nouveaux essais de pneumatologie littéraire* (Hermann, 2018) et *Journal d'un amateur de fantômes* (La Baconnière, 2018).

**Fabian Schmitz**
Fabian Schmitz était collaborateur scientifique au Graduiertenkolleg « Le réel dans les cultures modernes » et au Centre d'Excellence « Les fondements culturels de l'intégration » à l'Université de Constance. Ses principaux domaines de recherche sont la littérature française du XVIIIᵉ au XXᵉ siècle. Il s'intéresse notamment à la construction socio-culturelle de l'identité, aux Lumières et la République des Lettres européennes, aux échanges culturels franco-allemands de 1700 à 1820 ainsi qu'aux théories d'auteur. Il terminera prochainement sa thèse de doctorat intitulée *Les ruses d'auteur. Réflexion et pratique du statut d'auteur dans l'œuvre de Marcel Proust*. Dans ses derniers articles, il élabore des sujets variés, par exemple : « Unter dem Mikroskop des Micromégas – Voltaires Science-Fiction der Aufklärung », dans : Frauke Berndt / Daniel Fulda (éds.) : *Die Erzählung der Aufklärung*, Hamburg : Meiner 2018, p. 403–411 ; « Marcel Proust : Author, Publicist and Marketing Strategist on his own », dans : Sarah Burnautzki et al. (éds.), *Dealing with Authorship. Authors between Texts, Editors and Public Discourses*, Newcastle upon Tyne : Cambridge Scholars Publishing 2018, p. 187–206.

**Karin Schulz**
Karin Schulz est collaboratrice scientifique postdoctorale au Département des Littératures romanes de l'Université de Constance. Ses principaux domaines de recherche sont la littérature française du XVIIᵉ au XIXᵉ siècle et la littérature italienne du XXᵉ siècle. Elle s'intéresse au diagnostic socio-culturel de l'interaction ainsi qu'à la perception de soi et à la recherche identitaire. Dans sa thèse de doctorat *Konversation und Geselligkeit. Praxis französischer Salonkonversation im Spannungsfeld von Idealität und Realität* (Bielefeld, transcript 2018) elle analyse les textes moralistes du XVIIᵉ au XIXᵉ siècle sous l'angle des normes sociaux, leur évolution, et des enjeux que ces normes représentent pour la conversation au salon français. Publications sélectionnées : « *Le tour du kaléidoscope* oder die Visualisierung des Unsichtbaren. Gesellschaftliche Wandlungsprozesse bei Marcel Proust », dans : Beate Kern et al. (éds.), *(Un-)Sichtbarkeiten. Beiträge zum XXXI. Forum Junge Romanistik in Rostock (5.–7. März 2015)*, München : Akademische Verlagsgesellschaft 2017, p. 69–81. « Der Rausch des Fanatischen oder

die Erprobung von Identität in Luigi Pirandellos *Il fu Mattia Pascal.* », dans : *lettere aperte* t. 4 (2017), p. 41–54 [online http://www.lettereaperte.net/artikel/ ausgabe-42017/307]. « À la *recherche* entre méconnaissance et connaissance. L'innovation de la tradition moraliste dans *À la recherche du temps perdu* – un enjeu optique », dans : Uta Felten / Kristin Mlynek-Theil / Volker Roloff (éds.), *Proust et la philosophie. Regards de la critique allemande*, Paris : Garnier Classiques 2019 (= Revue d'études proustiennes, t. 8).

www.ingramcontent.com/pod-product-compliance
Lightning Source LLC
Chambersburg PA
CBHW070339100426
42812CB00005B/1370